ललिता सहस्त्रनाम

में

रहस्य

दीपिका अरोड़ा

ललिता सहस्रनाम में रहस्य
कॉपीराइट © दीपिका
सर्वाधिकार सुरक्षित

ललिता स्वयं की आनंदमयी, गतिशील और चमकदार प्रकटीकरण हैं।
एक मुक्त चेतना, जो स्वयं में अच्छी तरह से स्थापित है।

श्रीमहात्रिपुरसुन्दरीं श्रीविद्यां श्रीललिताम्बिकां
कामेशीं परमेश्वरीं श्रीचक्रेश्वरीं नमामि।

मैं सर्वोच्च देवी को नमन करती हूँ, जो तीनों लोकों की सुंदरता हैं,
सभी ज्ञान की स्रोत हैं, शुभ ललिता, जो इच्छाओं को पूर्ण करती हैं,
सर्वोच्च शासिका हैं, श्री चक्र की रानी हैं

यह पुस्तक आपको समर्पित है।

आभार

यह पुस्तक दिव्य स्रोत के गहन प्रभाव के बिना साकार नहीं हो पाती, जो प्रेरणा और रचनात्मकता का परम स्रोत है। इस सर्व-उपस्थित शक्ति के प्रति मेरी हार्दिक कृतज्ञता है, जिसने इस यात्रा में मेरा मार्गदर्शन किया। इसके अतिरिक्त, मैं अपने परिवार और शुभचिंतकों की अत्यंत आभारी हूं, जिनके अटूट समर्थन और प्रेम ने लेखन प्रक्रिया के दौरान निरंतर शक्ति और प्रोत्साहन का स्रोत प्रदान किया। उनकी उपस्थिति वास्तव में एक आशीर्वाद रही है।

विषय-सूची

यह पुस्तक आत्म-सशक्तिकरण, आध्यात्मिक प्रथाओं और ललिता सहस्रनाम के प्राचीन ज्ञान के बीच गहरे संबंधों को उजागर करने की एक यात्रा शुरू करती है।

यह अध्याय आकर्षण के नियम के मूलभूत सिद्धांतों का पता लगाता है और इसके प्रभावों को बढ़ाने के लिए एक शक्तिशाली श्वास तकनीक का परिचय देता है।

यह अध्याय आकर्षण के नियम और ललिता सहस्रनाम के प्रासंगिक छंदों के बीच आकर्षक संबंध में तल्लीन है, यह पता लगाता है कि कैसे दोनों सिद्धांत सचेत प्रकटीकरण को प्रोत्साहित करते हैं।

यह अध्याय आध्यात्मिक उपचार और चक्र ध्यान की अवधारणाओं का पता लगाता है, विशेष रूप से ललिता सहस्रनाम के श्लोक 38-40 पर ध्यान केंद्रित करता है और आंतरिक कल्याण को बढ़ावा देने में उनकी भूमिका पर प्रकाश डालता है।

यह अध्याय चक्र ध्यान के रहस्यों का अनावरण करता है, समग्र उपचार के लिए ऊर्जा केंद्रों को सक्रिय करने के लिए एक चरण-दर-चरण मार्गदर्शिका प्रदान करता है।

यह अध्याय श्री यंत्र ध्यान की प्रथा का परिचय देता है, जिसे श्री यंत्र त्राटक के रूप में भी जाना जाता है, और एकाग्रता और आध्यात्मिक विकास को बढ़ाने के लिए इसके लाभों की व्याख्या करता है।

यह अंतिम अध्याय जाप के लिए पूर्ण ललिता सहस्रनाम प्रस्तुत करता है, जिसका उद्देश्य इसके गहन ज्ञान और शक्ति को अनलॉक करना है।

ललिता देवी: भीतर के दिव्य का अनावरण

श्री यंत्र और मानव संबंध

युद्ध के मैदान पर छंद

सती और दक्ष की कहानी

भक्ति के छह मार्ग

पुस्तक के बारे में

आकर्षण का नियम और आध्यात्मिक उपचार की पुस्तकों की लोकप्रियता यह सवाल खड़ा करती है: क्या आकर्षण का नियम और आध्यात्मिक उपचार वास्तविक हैं? "द सीक्रेट" और "द पावर ऑफ सबकॉन्शियस माइंड" जैसी पुस्तकों के साथ हाल के वर्षों में इस अवधारणा ने गति पकड़ी है, लेकिन क्या वास्तव में इनमें सौभाग्य लाने की शक्ति है?

21 वर्षों तक, मेरे जीवन में दिशा की कमी थी। व्यक्तिगत परिस्थितियों के कारण, मैंने दो साल पहले ध्यान की यात्रा शुरू की। विभिन्न कौशल होने के बावजूद, मैं किसी भी क्षेत्र में सफलता प्राप्त करने के लिए संघर्ष कर रही थी। मध्यस्थता को पीछे छोड़ने की आकांक्षा रखते हुए, मैंने, एक "औसत व्यक्ति" से "सफल व्यक्ति" बनने के तरीके खोजना शुरू कर दिए।

दक्षिण भारत में रहते हुए, मैं प्रसिद्ध ललिता सहस्रनाम जाप की ओर आकर्षित हुई। एक दिन, जब मैं प्रेरक वक्ता स्नेह देसाई का आकर्षण के नियम पर एक वीडियो देख रही थी, तो मैंने रोंडा बर्न की "द सीक्रेट" उठाई और श्री विद्या, महाविद्याओं और आकर्षण के नियम के बारे में जानकारी में तल्लीन हो गई।

आकर्षण के नियम के सिद्धांतों को व्यवहार में लाते हुए, मैंने देखा कि मेरी इच्छाएं मेरे विचारों के साथ संरेखित हो रही हैं। इस अनुभव ने मेरे विश्वास को पुख्ता कर दिया कि "सब कुछ हमारे मन में है" और हमारी "भावनात्मक स्थिति सब कुछ तय करती है।" इसके अतिरिक्त, मैंने ललिता सहस्रनाम की शक्ति में विश्वास रखा, जिसके बारे में कहा जाता है कि यह भाग्य को बदल देता है, कर्मों को जला देता है और नकारात्मकता को दूर करता है। हालाँकि, मैंने सवाल किया कि जाप कैसे कर्मों को भंग कर सकता है।

अपनी समझ को और बढ़ाने के लिए, मैंने कुंडली (ज्योतिषीय चार्ट) और चक्रों पर शोध किया। इस खोज ने कुंडली के बारे में मेरा नजरिया पूरी तरह से बदल दिया। यह ध्यान रखना महत्वपूर्ण है कि केवल ललिता सहस्रनाम का जाप करने से जीवन में बदलाव की गारंटी नहीं मिलती है। किसी को इसके महत्व को समझना चाहिए और इसे कृतज्ञता के साथ अभ्यास करना चाहिए, क्योंकि कृतज्ञता को उच्च कंपन वाला माना जाता है। इसी तरह, यदि कोई सचेत रूप से प्रकट करना चाहता है तो आकर्षण के नियम के लिए विशिष्ट सिद्धांतों का पालन करना आवश्यक है।

उत्तरों की इच्छा से प्रेरित होकर, मैंने नींद भरी रातों और ज्वलंत सपनों से भरी एक यात्रा शुरू की। अंततः मैंने निष्कर्ष निकाला कि "हम ब्रह्मांड के लघु रूप हैं" और हम अपना ध्यान जहाँ केंद्रित करते हैं, वही आकर्षित करते हैं। इसने मेरे विश्वास को पुख्ता कर दिया कि आकर्षण का नियम एक धोखा नहीं है और बचपन से मुझमें स्थापित सीमित मान्यताओं को चुनौती दी।

अपने ज्ञान को गहरा करने के लिए, मैं रोंडा बर्न, जोसेफ मर्फी और वी. रवि जैसे प्रसिद्ध लेखकों की पुस्तकों में तल्लीन हो गई। यह ध्यान भंग से भरी एक लंबी यात्रा थी, लेकिन मैंने उनकी पुस्तकों से बहुमूल्य जानकारी प्राप्त की। बच्चों के साथ समय बिताने से, जिनमें स्वाभाविक रूप से उच्च कंपन होते हैं, मुझे सीखने में और मदद मिली।

एक दिन, सोते समय, प्रेरणा मिली – ललिता सहस्रनाम को अपने तरीके से समझने की। मैंने अपने विचारों को भटकते रहने देने के बजाय, अपनी समझ को कागज पर उतारने का फैसला किया। 1000 नामों का केवल जाप करने से परे, मैंने इसे जीवन के एक तरीके के रूप में देखना शुरू कर दिया, व्यक्तिगत नामों के जाप से छंदों में बदल गया। श्री सत्य नारायण शर्मा की पुस्तक, श्री विद्या मास्टर्स के यू ट्यूब वीडियो, हरिद्वार के श्री सुमित शर्मा और www.manblunder.com के संस्थापक श्री वी. रवि के मार्गदर्शन ने मेरी

यात्रा को और समृद्ध किया। मैंने श्री विद्या मास्टर श्रीमती स्मिता वेंकटेश के नेतृत्व में लाइव ललिता सहस्रनाम सत्रों में भी भाग लिया।

श्री रवि जी ने एक बार निम्नलिखित शब्द कहे थे – "यह सब आपके मन में है। आप साधारण श्वास तकनीकों (श्वास नियंत्रण) का पालन करके और अपनी इच्छाओं पर ध्यान केंद्रित करके अपना जीवन बदल सकते हैं, वो भी मंत्रों के बिना"– गहराई से गूंज उठे। मैंने इन शब्दों को थामे रखा, यह महसूस करते हुए कि ब्रह्मांड ज्ञान प्रदान कर रहा है और इस दिशा में मैं मेरी खोज को अंत कर रही हूँ। उस दिन, मैंने जीवन में आगे बढ़ने का फैसला किया, और मेरी कई सीमित मान्यताएं फीकी पड़ने लगीं, हालांकि कुछ अभी भी मेरे अवचेतन मन में समाहित हैं। यह पुस्तक प्रकटीकरण के लिए एक गुप्त श्वास तकनीक भी प्रदान करती है। उस श्वास तकनीक का स्रोत शिव स्वरोदय और विज्ञान भैरव तंत्र में भी पाया जा सकता है।

मेरी श्री विद्या साधना यात्रा के दौरान, जहाँ मैंने ललिता सहस्रनाम को समझने की कल्पना की थी, और इस विश्वास से प्रेरित होकर कि हर किसी का अपना आध्यात्मिक मार्ग होता है, मैंने अद्वैत दर्शन (ईश्वर और मैं अलग नहीं हैं) और अंतर्संबंध की समझ के आधार पर अपनी व्याख्या साझा करने का फैसला किया। व्यस्त जीवन की समय सीमाओं को स्वीकार करते हुए, मैंने चयनित छंदों पर टिप्पणी करना चुना है और उन लोगों के लिए अंत में 183 पूर्ण छंद प्रदान किए हैं जो गहराई से तल्लीन होना चाहते हैं। पाठकों की समझ को बढ़ाने के लिए, आकर्षण के नियम के सिद्धांतों, सार्वत्रिक नियमों और प्रक्रिया की रूपरेखा वाला अध्याय प्रासंगिक छंदों पर अध्याय से पहले है। यह संरचना पाठकों को सहायक शास्त्रीय संदर्भों में तल्लीन होने से पहले अवधारणा को समझने की अनुमति देता है।

निष्कर्ष में, मेरा इरादा यह जोर देना है कि आकर्षण का नियम और आध्यात्मिक उपचार हमेशा से मौजूद हैं और आगे भी रहेंगे। श्री विद्या को उपलब्ध

आध्यात्मिक मार्गदर्शन का सर्वोच्च रूप माना जाता है। ललिता सहस्रनाम श्री विद्या का एक महत्वपूर्ण पहलू है। ललिता सहस्रनाम में अनगिनत रहस्य हैं, और उनकी खोज में जीवन भर लग सकता है।

पाठकों को अभिभूत करने से बचने के लिए, मैंने शुरू में आकर्षण के नियम पर सबसे प्रासंगिक छंदों और फिर चक्र ध्यान पर तीन छंदों की व्याख्या करने पर ध्यान केंद्रित किया है। इन समझाई गई छंदों को समझना आपको दूसरों को समझने के लिए सुसज्जित करेगा। गहरी सोच को प्रोत्साहित करने के लिए, पुस्तक के अंत में विचारोत्तेजक संकेतों का एक खंड शामिल है।

कहा जाता है कि ललिता सहस्रनाम में सभी वेदों और उपनिषदों का ज्ञान समाहित है। अपना जाप धीरे–धीरे और लगातार शुरू करके, भीतर के छिपे अर्थ धीरे–धीरे प्रकट हो सकते हैं। याद रखें, शिव-शक्ति, दिव्य मिलन, परम शिक्षक के रूप में कार्य करता है।

आपकी यात्रा के लिए शुभकामनाएं। देवी माँ आपको भौतिक और आध्यात्मिक दोनों समृद्धि से आशीर्वादित करें।

ललिता सहस्रनाम का परिचय

श्री विद्या: भीतर के दिव्य प्रकाश का अनावरण

श्री विद्या एक गहन आध्यात्मिक मार्ग है जो ब्रह्मांड के रहस्यों को खोलती है। यह परम ऊर्जा (श्री) के स्वभाव और भौतिक दुनिया (प्रकृति) के पीछे छिपे वास्तविकता (तत्त्व) में तल्लीन है। यह ज्ञान सृष्टि, पालन और विघटन की प्रक्रियाओं को समाहित करती है। यह दिव्य चेतना (चैतन्य) और उसके सार (तत्त्व) को प्रकाशित करती है।

शुद्ध ज्ञान, अनुष्ठान नहीं

कुछ तांत्रिक प्रथाओं के विपरीत, श्री विद्या बाहरी अनुष्ठानों के बजाय शुद्ध ज्ञान (शुद्ध विद्या) पर जोर देती है। "श्री" शब्द लिंग से परे है, जो एक सर्वव्यापी सत्य का प्रतीक है, न कि एक महिला अवधारणा (स्त्री विद्या)। श्री विद्या एक आंतरिक अन्वेषण है, योग के समान, जिसमें किसी भौतिक वस्तु की आवश्यकता नहीं होती है।

चैतन्य का आंतरिक प्रकाश

"चैतन्य" एक संस्कृत शब्द है जिसका अर्थ है परम चेतना, परम ज्ञान या परम प्रकाश। यह वह मूलभूत वास्तविकता है जो सभी अस्तित्व का आधार है। इसे अक्सर वह अंतर्निहित ऊर्जा या सिद्धांत माना जाता है जो ब्रह्मांड को जीवंत और गतिशील बनाता है। यह कोई भौतिक वस्तु नहीं है, बल्कि एक सर्वव्यापी, अविनाशी और अपरिवर्तनिय सत्य है। यह चैतन्य किसी बाहरी स्रोत से नहीं आता है, बल्कि स्वाभाविक रूप से प्रत्येक जीवित प्राणी के भीतर निवास करता

है। जिस प्रकार सूर्य का प्रकाश हर जगह व्याप्त है, उसी प्रकार चैतन्य प्रत्येक आत्मा में निहित है। यह हमारी चेतना का सार है, वह शक्ति है जो हमें सोचने, महसूस करने और अनुभव करने में सक्षम बनाती है।

यह आंतरिक प्रकाश विभिन्न लोगों के लिए विशिष्ट रूप से प्रकट होता है, उनकी रुचियों के आधार पर गणेश, कृष्ण, शिव, देवी या अन्य दिव्य रूपों के रूप में दिखाई देता है। यह आंतरिक अभिव्यक्ति उसी सार्वभौमिक चैतन्य का एक व्यक्तिगत अनुभव है। जो साधक जिस रूप में श्रद्धा रखता है, वह उसी रूप में उस परम सत्ता का अनुभव करता है।

ललिता सहस्रनाम: एक खजाना

ललिता सहस्रनाम, एक पवित्र पाठ, जो देवी माँ ललिता त्रिपुरसुंदरी के हजार नामों की स्तुति है, श्री विद्या में अत्यधिक महत्व रखता है। यह इस आध्यात्मिक मार्ग के संपूर्ण सार को समाहित करता है। इसमें ब्रह्मांड और सृष्टि के बारे में गहन रहस्य संकेतित हैं। इस पाठ को अविश्वसनीय ज्ञान का खजाना माना जाता है।

लेखकत्व

ललिता सहस्रनाम का लेखकत्व किसी एक मानव को नहीं दिया जाता है। जैसा कि ब्रह्मांड पुराण हमें बताता है, वाणी की आठ देवियों (वाग् देवियों) ने इसे स्वयं देवी ललिता के मार्गदर्शन में रचा था। ये आठ देवियाँ वासिनी, कामेश्वरी, अरुणा, विमला, जयनी, मोदिनी, सर्वेश्वरी और कौलिनी हैं। ललिता सहस्रनाम का उपयोग विभिन्न प्रकार की पूजा में किया जाता है, जिसमें पाठ (परायण), अर्पण (अर्चना) और अग्नि अनुष्ठान (होम) शामिल हैं। माना जाता है कि यह शक्तिशाली स्तोत्र भगवान हयग्रीव और ऋषि अगस्त्य के बीच एक प्रवचन के दौरान प्रकट हुआ था।

मूर्ति से परे

हिंदू धर्म में मूर्ति पूजा, एक प्रथा है जो व्यक्तियों को दिव्य से जुड़ने में मदद करती है। जबकि मूर्ति स्वयं एक भौतिक वस्तु है, यह एक गहरी आध्यात्मिक वास्तविकता का प्रतीक है। यह उस सामग्री की पूजा नहीं की जाती है, बल्कि उस दिव्य सार की पूजा की जाती है जिसका वह प्रतिनिधित्व करती है। मूर्ति चिंतन के लिए, एक केंद्र बिंदु और दिव्य ऊर्जा के लिए एक चैनल के रूप में कार्य करती है। हिंदू धर्म मानता है कि परम वास्तविकता (ब्रह्म) निराकार और अनंत है, इसलिए देवताओं और छवियों की विविध सरणी व्यक्तियों को दिव्य से इस तरह से जुड़ने की अनुमति देती है जो उनके साथ व्यक्तिगत रूप से प्रतिध्वनित होती है। यह एक ही परम सत्य के विभिन्न मार्गों के प्रति सहिष्णुता और स्वीकृति को बढ़ावा देता है। छवियां अनंत के लिए एक पुल के रूप में कार्य करती हैं, एक "घूंघट" जो दिव्य को हमारी इंद्रियों के लिए सुलभ बनाता है, अंततः आंतरिक पूजा की ओर ले जाता है।

पुरूष और स्त्री ऊर्जा

ललिता सहस्रनाम में, शिव और शक्ति मौलिक हैं, जो वास्तविकता के दो पूरक और अविभाज्य पहलुओं का प्रतिनिधित्व करते हैं। उन्हें अक्सर मर्दाना और स्त्री सिद्धांतों के रूप में वर्णित किया जाता है, लेकिन यह प्रतीकात्मक है, शाब्दिक नहीं। शिव ब्रह्मांड के स्थिर, अपरिवर्तनीय पहलू – शुद्ध चेतना, सृजन की क्षमता का प्रतिनिधित्व करते हैं। उन्हें अक्सर एक ध्यानस्थ तपस्वी के रूप में दर्शाया जाता है, जो वैराग्य और अतिक्रमण का प्रतीक है। उन्हें अप्रकट क्षमता, ब्रह्मांड के बीज के रूप में सोचें। दूसरी ओर, शक्ति गतिशील, सक्रिय शक्ति – ऊर्जा, शक्ति और प्रकटीकरण का प्रतीक है। वह जीवन शक्ति है, वह शक्ति जो शिव की क्षमता को अस्तित्व में लाती है। वह ब्रह्मांड की माँ है, सभी सृष्टि, गति और परिवर्तन का स्रोत है। यह समझना महत्वपूर्ण है कि यह पारंपरिक लिंग भूमिकाओं के बारे में नहीं है। शिव और शक्ति दोनों प्रत्येक व्यक्ति के भीतर निवास करते हैं,

चाहे उनका जैविक लिंग या लिंग पहचान कुछ भी हो। ये सिद्धांत हम सभी के भीतर चेतना और ऊर्जा के अंत:क्रिया का प्रतिनिधित्व करते हैं। उनका मिलन आवश्यक है। जैसे ऊर्जा के बिना चेतना निष्क्रिय होती है, वैसे ही चेतना के बिना ऊर्जा अराजक होती है। शिव और शक्ति का नृत्य पूरे ब्रह्मांड को जन्म देता है। इस मिलन को कभी-कभी अर्धनारीश्वर द्वारा दर्शाया जाता है, जो इन दोनों शक्तियों की एकता का प्रतीक है।

संक्षेप में, शिव-शक्ति सभी चीजों के अंतर्संबंध के लिए एक शक्तिशाली रूपक है। यह स्थिरता और क्रिया, क्षमता और प्रकटीकरण के बीच संतुलन को उजागर करता है, जो एक पूर्ण और संतोषजनक जीवन के लिए आवश्यक हैं। इन सिद्धांतों को समझने से हमें स्वयं और ब्रह्मांड में अपने स्थान की गहरी समझ हो सकती है।

अध्याय 1
प्रकटीकरण में महारत हासिल करना: आकर्षण की प्रक्रिया का नियम

यह अध्याय आकर्षण के नियम के मूल सिद्धांतों को, सार्वत्रिक नियमों के साथ, सचेत प्रकटीकरण के लिए इसकी क्षमता का उपयोग करने में व्यावहारिक अंतर्दृष्टि प्रदान करता है।

आकर्षण का नियम एक मान्यता प्रणाली है जो हमारे विचारों और भावनाओं और जीवन में हमारे अनुभवों के बीच एक संबंध का सुझाव देता है । यह प्रस्तावित करता है कि सकारात्मक विचार और भावनाएं सकारात्मक परिणाम लाती हैं, जबकि नकारात्मक विचार नकारात्मक अनुभवों को आकर्षित करते हैं इस संबंध को अक्सर आकर्षण के एक रूप के रूप में वर्णित किया जाता है, जैसे एक चुंबक समान ऊर्जाओं को आकर्षित करता है।

यह दर्शन जीवन के विभिन्न पहलुओं, जिनमें स्वास्थ्य, वित्त और रिश्ते शामिल हैं, में वांछित परिणाम प्राप्त करने के लिए सकारात्मक मानसिकता विकसित करने के महत्व पर जोर देता है। हालांकि, यह समझना महत्वपूर्ण है कि आकर्षण का नियम वैज्ञानिक रूप से सिद्ध नियम नहीं है, बल्कि एक व्यक्तिगत विकास दर्शन है

आकर्षण का नियम इन मूल सिद्धांतों पर आधारित है:

हर चीज़ ऊर्जा है: आकर्षण के नियम का दर्शन इस मूलभूत सिद्धांत के साथ संरेखित है – हर चीज़ ऊर्जा है, जो अपनी आवृत्ति पर कंपन करती है। ब्रह्मांड में हर चीज़, यहाँ तक कि जो भोजन हम करते हैं उससे लेकर तारों तक, अंततः विभिन्न रूपों में ऊर्जा से बनी है। **(कंपन का नियम)**

ऊर्जा और आप: हम केवल भौतिक से कहीं अधिक हैं; हम ऊर्जावान प्राणी हैं, जो एक समान उत्पत्ति से जुड़े हुए हैं। हमारे विचार और भावनाएँ प्रत्येक एक अद्वितीय आवृत्ति पर कंपन करते हैं। हममें अविश्वसनीय क्षमता और उल्लेखनीय विकास की क्षमता है। अपने मस्तिष्कों, शरीरों और हमारे आसपास की दुनिया के अंतर्संबंध की खोज करके, हम स्वयं की गहरी समझ प्राप्त करते हैं और क्षमताओं के एक विशाल भंडार को अनलॉक करते हैं। हम अलग–थलग नहीं हैं बल्कि एक विशाल ब्रह्मांडीय संपर्क जाल के अभिन्न अंग हैं, जो हर चीज – मनुष्यों, जानवरों, पौधों और यहां तक कि खनिजों – के साथ ऊर्जा और चेतना के एक अदृश्य जाल के माध्यम से जुड़े हुए हैं। यह ऊर्जा क्षेत्र अनंत रचनात्मकता और शुद्ध ज्ञान का स्रोत है। हमारी क्रियाएं, विचार और भावनाएं इस आपस में जुड़ी वास्तविकता में लहरदार प्रभाव डालती हैं। यह नई जागरूकता हमें न केवल अपने जीवन को समृद्ध करने के लिए बल्कि मानवता की बेहतरी के लिए सार्थक योगदान देने के लिए भी सशक्त बनाती है। **(दिव्य एकता का नियम और शुद्ध क्षमता का नियम)**

समान ही समान को आकर्षित करता है: इस सिद्धांत के पीछे का विचार यह है कि हमारे विचार और अनुभव जुड़े हुए हैं। यह सुझाव देता है कि विचारों और भावनाओं दोनों में सकारात्मक पर ध्यान केंद्रित करने से जीवन में अधिक सकारात्मक परिणाम हो सकते हैं। दूसरी ओर, नकारात्मकता नकारात्मक अनुभवों को आकर्षित करती है। कुछ इसे एक प्रकार का **"दर्पण प्रभाव"** बताते हैं जहाँ हमारी आंतरिक स्थिति हमारे आसपास की दुनिया से समान ऊर्जा को दर्शाती है और आकर्षित करती है। इसे अक्सर **"अनुनाद"** के एक रूप के रूप में समझाया जाता है, जहाँ हमारी आंतरिक स्थिति बाहरी दुनिया से समान ऊर्जाओं को आकर्षित करती है। आकर्षण का नियम जोर देता है कि हमारा ध्यान निर्धारित करता है कि हम क्या आकर्षित करते हैं। जबकि इच्छा शुरुआती बिंदु है, इसे सकारात्मक इरादे के साथ जोड़ा जाना चाहिए। विचार, चर्चा, दृश्य और भावनाओं के माध्यम से लगातार अपने लक्ष्यों पर ध्यान केंद्रित करने से उन्हें आकर्षित करने की संभावना बढ़ जाती है, बशर्ते वे अच्छे इरादों के साथ

सरेखित हों। हमारा वातावरण भी हमारे विचारों और भावनाओं को महत्वपूर्ण रूप से प्रभावित करता है, जिससे यह प्रभावित होता है कि हम किस प्रकार की चीज़ें आकर्षित करते हैं। अंततः हम वही आकर्षित करते हैं जो हम हैं। हमारी आंतरिक प्रकृति, जिसमें हमारे गुण, मान्यताएं और कर्म शामिल हैं, हमारे जीवन में समान प्रकार के अनुभव, व्यक्ति और परिस्थितियाँ आकर्षित करने की प्रवृत्ति रखती है। **(इच्छा और आकांक्षा का नियम)**

आत्म–प्रेम और आत्म–संदर्भ: अपने दोषों सहित खुद को पूरी तरह से स्वीकार किया जाए; यही सच्चा आत्म–प्रेम है। इसका अर्थ विकास और उपलब्धि के लिए अपनी असीमित क्षमता को पहचानना भी है। आकर्षण के नियम के भीतर, आत्म–प्रेम महत्वपूर्ण है क्योंकि यह एक सकारात्मक आंतरिक स्थिति पैदा करता है जो अनुकूल अनुभवों को आकर्षित करती है। आत्म–प्रेम को मजबूत करने के लिए, दूसरों की नकारात्मक राय को शांत करना और अपनी भलाई को प्राथमिकता देना सीखें। इसके लिए हमें अपने सच्चे स्वरूप से जुड़ना होगा। इसके लिए आत्म–संदर्भ की स्थिति तक पहुँचना आवश्यक है। आत्म–जागरूकता, या "आत्म–संदर्भ" हमारे ध्यान को बाहरी कारकों पर नहीं, बल्कि हमारे भीतर के अस्तित्व, हमारी आत्मा पर केंद्रित करता है। इसके विपरीत, "वस्तु–संदर्भ" का अर्थ है कि हम लगातार बाहरी प्रभावों जैसे स्थितियों, लोगों और संपत्ति से प्रभावित होते हैं। इस अवस्था में, हमारा अहंकार, हमारी स्वयं–निर्मित छवि या सामाजिक मुखौटा, हमारा प्राथमिक संदर्भ बिंदु बन जाता है। स्वीकृति और नियंत्रण की आवश्यकता से प्रेरित, और अंतर्निहित भय से प्रेरित होकर, अहंकार लगातार सत्यापन और शक्ति की तलाश करता है। हमारा प्रामाणिक स्वरूप, हमारी आत्मा, ऐसी सीमाओं से परे मौजूद है। यह आलोचना से अछूता है, किसी भी बाधा से निडर है, और स्वाभाविक रूप से सभी के बराबर महसूस करती है। यह भीतरी समानता विनम्रता को बढ़ाती है और श्रेष्ठता की भावना को कम करती है, क्योंकि यह स्वयं के उस साझा सार और जीवन की उसी अद्वितीय चिंगारी को पहचानती है जो हर व्यक्ति को जीवंत करती है।

वास्तविक आत्म-ज्ञान हमारी सभी क्षमताओं को उजागर करता है। हम महसूस करते हैं कि वही जीवन ऊर्जा हम सब में बहती है, और वही उस भौतिक धन का वास्तविक आधार है जिसे हम अनुभव करते हैं। यह अहसास भय और असुरक्षा को दूर करता है। हम समझते हैं कि पिछली गलतियाँ, क्रोध और घृणा आत्म-जागरूकता की कमी और इस गलत धारणा के कारण उत्पन्न हुई हैं कि खुशी बाहरी वस्तुओं से मिलती है। यह अहसास आनंद की ओर ले जाता है, स्थिरता, मौन का अभ्यास और मूल्यांकन की समाप्ति को बढ़ावा देता है। हम अपने आप से, प्रकृति से और सभी प्राणियों से गहरा प्रेम विकसित करते हैं, आंतरिक स्थिरता पैदा करते हैं। क्योंकि हमारी आंतरिक स्थिति हमारी बाहरी दुनिया को दर्शाती है, हम अपने जीवन के सभी पहलुओं में प्रचुरता का अनुभव करने लगते हैं। (शुद्ध क्षमता का नियम)

वर्तमान क्षण को अपनाएं: यह सिद्धांत अतीत पर ध्यान केंद्रित करने या भविष्य की चिंता करने के बजाय वर्तमान क्षण पर ध्यान केंद्रित करने के महत्व पर जोर देता है।भले ही कुछ हालात मुश्किल लगें, आकर्षण का नियम आपको प्रेरित करता है कि आप उन चीजों पर ध्यान दें जिन्हें आप बदल सकते हैं, और अभी और यहीं की स्थिति को बेहतर बनाने के लिए कदम उठाएं। अभिभूत या नाखुश महसूस करने के बजाय, यह सुझाव देता है कि अपनी ऊर्जा को ऐसे तरीके खोजने में लगाएं जिससे आपके वर्तमान क्षण को सर्वोत्तम बनाया जा सके। यह सक्रिय दृष्टिकोण आपको भविष्य के अनुभवों के लिए एक सकारात्मक नींव बनाने की अनुमति देता है।

अपनी इच्छाओं को प्रकट करने के लिए दो-तरफा दृष्टिकोण की आवश्यकता होती है – नियंत्रण छोड़ना और समय पर भरोसा करना। किसी भी आवश्यकता को सूक्ष्म प्रबंधित करने या परिणाम पर जुनूनी होने से दूर रहें, यह विश्वास करते हुए कि ब्रह्मांड ने आपका अनुरोध प्राप्त कर लिया है और सक्रिय रूप से उस पर काम कर रहा है। साथ ही, ब्रह्मांड की समय-सीमा में धैर्य और विश्वास पैदा करें। यदि प्रगति धीमी लगे तो हतोत्साहित होने से बचें; ब्रह्मांड आपके लक्ष्यों के सही

प्रकट होने को व्यवस्थित करने के लिए अनदेखे तरीकों से काम कर रहा होगा। परिणामों से मोहभंग होना महत्वपूर्ण है। किसी विशिष्ट परिणाम से चिपके रहने से असुरक्षा और भय पैदा होता है, जो आपकी कंपन आवृत्ति को कम करता है और अंततः प्रकटीकरण प्रक्रिया को बाधित कर सकता है। ऐसे कार्य करें जैसे आपकी इच्छा पहले ही पूरी हो चुकी हो। **(अनासक्ति का नियम और धारणा का नियम)**

सकारात्मक आकर्षण के लिए नकारात्मकता छोड़ें: आकर्षण का नियम बताता है कि भय, ईर्ष्या, क्रोध, बदला और लालच जैसी नकारात्मक भावनाएं सकारात्मक अनुभवों के प्रवाह को बाधित कर सकती हैं। अपनी इच्छा को आकर्षित करने के लिए, सकारात्मक भावनाओं और प्रचुरता की भावना पैदा करना महत्वपूर्ण है। नकारात्मकता या गपशप में लिप्त होने के बजाय, दूसरों की सफलताओं का जश्न मनाएं। यह पहचानें कि सबके लिए भरपूर है और अपनी इच्छा, ज्ञान और कर्म के द्वारा सक्रिय रूप से उस प्रचुरता से जुड़ें। शिकायत और नकारात्मकता को छोड़ दें, और उन्हें कृतज्ञता से बदलें। याद रखें, अपनी मानसिकता को बदलना समय और अभ्यास लेता है। नकारात्मक प्रभावों से दूर रहें और सर्वोत्तम परिणामों के लिए सकारात्मकता पैदा करने पर ध्यान केंद्रित करें। दूसरों की वस्तुओं का लालच या उन्हें पकड़कर रखने से बचें। आपमें वह सब कुछ हासिल करने की क्षमता है जिसकी आप इच्छा रखते हैं। उदारतापूर्वक लोगों और प्रकृति दोनों की सेवा करें, यह समझते हुए कि कर्म का नियम सार्वत्रिक रूप से लागू होता है – "जो बोओगे वही काटोगे" **(कर्म का नियम और मुआवजा का नियम)**

प्रगति के लिए क्षमा को अपनाएं: आकर्षण का नियम स्वयं और दूसरों दोनों के लिए क्षमा के महत्व पर जोर देता है। हम सभी गलतियाँ करते हैं, और क्रोध या अपराधबोध को पकड़कर रखने से हमारी आगे बढ़ने और सकारात्मक अनुभवों को आकर्षित करने की क्षमता बाधित होती है। क्षमा आपको नकारात्मक भावनाओं को छोड़ने और सकारात्मक ऊर्जा के प्रवाह के लिए जगह

बनाने की अनुमति देती है। पिछली चोटों और नाराजगी को छोड़कर, आप खुद को नई संभावनाओं के लिए खोलते हैं और अपने जीवन में अधिक आनंदमय अनुभवों को आकर्षित करते हैं। सच्चा पश्चाताप सार्वत्रिक क्षमा का द्वार खोलता है, लेकिन वह द्वार दोनों तरह से खुलता है। दूसरों को क्षमा करना क्षमा पाने के लिए आवश्यक है। **(कर्म का नियम और मुआवजा का नियम)**

सीमित मान्यताओं को त्यागें, प्रचुरता को अपनाएं: आकर्षण का नियम उन सीमित मान्यताओं को पहचानने और दूर करने के महत्व को उजागर करता है जो आपकी इच्छा को आकर्षित करने में बाधाएं पैदा कर सकती हैं। यदि आप कमी में विश्वास करते हैं, तो आप अवचेतन रूप से ऐसी परिस्थितियों को आकर्षित करेंगे जो उस विश्वास को दर्शाती हैं। इसके बजाय, प्रचुरता की अवधारणा को अपनाएं – यह समझ कि सभी के लिए पर्याप्त है। धनी व्यक्ति अक्सर प्रचुरता मानसिकता को मूर्त रूप देते हैं, असीमित संभावनाओं में विश्वास करते हैं। पहचानें कि गरीबी में कोई पुण्य नहीं है। हम सभी को पूर्ण जीवन जीने के लिए वित्तीय भलाई की आवश्यकता है और हम इसके लायक हैं। किसी भी सीमित मान्यता को छोड़ दें जो आपको सक्रिय रूप से समृद्धि को आकर्षित करने से रोक सकती है। **(प्रचुरता का नियम)**

विश्वास और सकारात्मक सोच की शक्ति: आकर्षण के नियम के साथ काम करते समय अटूट विश्वास पैदा करना आवश्यक है। इसका अर्थ है प्रक्रिया पर भरोसा करना और ब्रह्मांड की शक्ति में विश्वास करना, तब भी जब संदेह उत्पन्न हो सकते हैं। नकारात्मक राय, स्वयं से और दूसरों से, छोड़ दें क्योंकि वे प्रगति को बाधित कर सकते हैं। एक बड़ी शक्ति में विश्वास करें जो आपके प्रमुख विचारों और भावनाओं का जवाब देती है। याद रखें, भावनाएं और विचार चुंबक के रूप में कार्य करते हैं, उन अनुभवों को आकर्षित करते हैं जो उनकी ऊर्जा को दर्शाते हैं। अपने जीवन पर विचार करें – आप शायद ऐसे उदाहरण देखेंगे जहां भय और संदेह, साथ ही आत्मविश्वास और सकारात्मकता, दोनों आपके जीवन में प्रकट हुए हैं। यह पुष्ट करता है कि आकर्षण का नियम हमेशा काम पर है।

अपनी इच्छाओं को प्राप्त करने की संभावना को अपनाएं नकारात्मकता को सकारात्मक अपेक्षाओं से बदलें, और आप अपने जीवन में अधिक अनुकूल अनुभवों को आकर्षित करना शुरू कर देंगे। हमारे विचारों में वास्तविकता को प्रकट करने और हमारी कंपन आवृत्ति को प्रभावित करने की अपार शक्ति होती है। **(कंपन का नियम)**

प्रेरित कार्रवाई: प्रेरित क्रिया उन इच्छाओं को मूर्त परिणामों में बदलने वाली महत्वपूर्ण कड़ी है। जबकि आकर्षण का नियम वांछित परिणामों की कल्पना करने की शक्ति पर प्रकाश डालता है, प्रेरित क्रिया "कैसे" प्रदान करती है – साकार करने के लिए सक्रिय कदम, जिसके लिए अक्सर हमें अपने आराम क्षेत्र से बाहर निकलने की आवश्यकता होती है। इसमें सीखने, योजना बनाने और निर्णायक रूप से कार्य करने के लिए एक जानबूझकर दृष्टिकोण शामिल है। यह ज़ोरदार प्रयास के बारे में नहीं है, बल्कि अंतर्ज्ञान, आंतरिक ज्ञान या उद्देश्य की भावना से प्रेरित होकर कार्रवाई करने के बारे में है। यह सरेखित क्रिया स्वाभाविक और ऊर्जावान महसूस होती है, जो अक्सर अप्रत्याशित अवसरों और समकालिकताओं को खोलती है – प्रेरणा और सरेखण से उत्पन्न होने वाली सहज क्रिया। **(प्रेरित कार्रवाई का नियम और न्यूनतम प्रयास का नियम)**

प्रचुरता के लिए कृतज्ञता विकसित करें और देने का अभ्यास करें: आकर्षण का नियम सकारात्मक अनुभवों को आकर्षित करने के लिए कृतज्ञता की शक्ति पर ज़ोर देता है। जो कुछ भी आपके पास पहले से है, बड़ा या छोटा, उसके लिए ईमानदारी से सराहना व्यक्त करके, आप ब्रह्मांड को संकेत देते हैं कि आप और अधिक प्रचुरता प्राप्त करने के लिए खुले हैं। कृतज्ञता आपके ध्यान को कमी से सराहना की ओर ले जाती है, आपकी कंपन ऊर्जा को बढ़ाती है – आकर्षण के नियम में एक महत्वपूर्ण तत्व। सच्ची भावना के साथ "धन्यवाद" कहने से विशेष रूप से उच्च कंपन आवृत्ति होती है, जो प्रचुरता की मानसिकता को बढ़ावा देती है। ब्रह्मांड के प्रति ही नहीं, बल्कि उन लोगों के प्रति भी कृतज्ञता व्यक्त करना जिन्होंने आपकी सहायता की है, सकारात्मक संबंधों को मजबूत करता है और

सहायक व्यक्तियों को आकर्षित करता है। जैसे ही आप कृतज्ञता का दृष्टिकोण विकसित करते हैं, आप जीवन में और अधिक आशीर्वाद प्राप्त करने के लिए खुद को खोलते हैं।

ऊर्जा और समृद्धि एक निरंतर प्रवाह पर निर्भर करती है। जिस तरह एक नदी को फलने–फूलने के लिए आगे बढ़ने की आवश्यकता होती है, वैसे ही हमें भी होती है। ब्रह्मांड आदान–प्रदान के माध्यम से कार्य करता है। जितना अधिक हम देते हैं, उतना ही अधिक हम प्राप्त करते हैं, प्रचुरता को परिचालित रखते हैं। साझा करने पर मूल्य कई गुना बढ़ जाता है। देने का नियम सरल है: वह दें जो आप चाहते हैं। खुशी चाहते हैं? दीजिए। प्यार? दीजिए। सराहना? दीजिए। भौतिक प्रचुरता? दूसरों को इसे पाने में मदद कीजिए। दूसरों की मदद करना खुद की मदद करने का सबसे अच्छा तरीका है। और सबसे शक्तिशाली उपहार अक्सर गैर–भौतिक होते हैं: देखभाल, ध्यान, स्नेह, सराहना और प्यार। हमारी देने की क्रिया वापसी की अपेक्षा के बिना होनी चाहिए। हम स्वाभाविक रूप से प्रचुर हैं क्योंकि प्रकृति हमारी आवश्यकताओं और इच्छाओं को उदारतापूर्वक प्रदान करती है। **(प्रचुरता का नियम और आदान–प्रदान का नियम)**

महत्वपूर्ण विचार:

आकर्षण के नियम की, विशेषकर संभावित गलत व्याख्याओं के संबंध में, अपनी आलोचनाएँ भी हैं। विचार करने के लिए कुछ मुख्य बिंदु इस प्रकार हैं:

आत्म–दोषारोपण से बचें: आलोचक चिंता जताते हैं कि आकर्षण का नियम दुर्घटनाओं या बीमारियों जैसी अनियंत्रित घटनाओं के लिए आत्म–दोषारोपण का कारण बन सकता है। जबकि सकारात्मक दृष्टिकोण पर ध्यान केंद्रित करना फायदेमंद हो सकता है, यह याद रखना महत्वपूर्ण है कि सभी परिस्थितियाँ हमारे नियंत्रण में नहीं होती हैं।

प्रतिक्रिया पर ध्यान दें: आकर्षण का नियम चुनौतियों पर ध्यान केंद्रित करने के बजाय, चुनौतियों के प्रति हमारी प्रतिक्रियाओं पर ध्यान केंद्रित करने पर जोर देता है। कठिन परिस्थितियों में अप्रत्याशित अवसर हो सकते हैं, और हमारी लचीली प्रतिक्रिया शक्ति और विकास का स्रोत हो सकती है।

स्वस्थ संतुलन: सकारात्मक सोच और अपने कार्यों की जिम्मेदारी लेने के बीच स्वस्थ संतुलन बनाए रखना आवश्यक है। आकर्षण का नियम जवाबदेही की जगह नहीं लेता है या नकारात्मक व्यवहार को बहाना नहीं बनाता है।

मदद लेना: यदि आप मानसिक या शारीरिक स्वास्थ्य चुनौतियों से जूझ रहे हैं, तो आकर्षण का नियम पेशेवर मदद का विकल्प नहीं है। जरूरत पड़ने पर हमेशा योग्य पेशेवरों से मार्गदर्शन लें।

इन सीमाओं को समझकर और जागरूकता के साथ आकर्षण के नियम का उपयोग करके, यह सकारात्मक दृष्टिकोण को बढ़ावा देने और व्यक्तिगत विकास को बढ़ाने के लिए एक उपयोगी उपकरण हो सकता है। याद रखें, स्वस्थ दृष्टिकोण बनाए रखना और ज़रूरत पड़ने पर पेशेवर मदद लेना महत्वपूर्ण है।

आकर्षण के नियम के साथ प्रकट करना: एक चरण-दर-चरण मार्गदर्शिका

चरण 1:

अपना शांत केंद्र खोजें

प्रकटीकरण का पहला कदम अपना शांत केंद्र खोजना है। इसका मतलब है अपने भीतर के स्व से जुड़ने के लिए आंतरिक और बाहरी विचलनों को शांत करना।

स्थिरता प्राप्त करने के लिए यहां कुछ सुझाव दिए गए है:

ध्यान करें: 10-15 मिनट ध्यान के लिए समर्पित करें। यह अभ्यास मन को शांत करने में मदद करता है, जिससे आप स्पष्ट रूप से सोच सकते हैं और नकारात्मक आत्म-चर्चा को छोड़ सकते हैं। मैं चक्र साधना की सलाह देती हूं, जिसे पुस्तक में आगे खोजा जा सकता है, यह अतीत की पीड़ा को भी दूर करने के लिए एक सहायक उपकरण है।

प्राणायाम श्वास: अपनी ध्यान प्रक्रिया में प्राणायाम श्वास तकनीकों को शामिल करने पर विचार करें। ये विशिष्ट श्वास अभ्यास स्थिरता और समझ को और बढ़ावा दे सकते है।

आंतरिक बातचीत को शांत करें: ध्यान और श्वास अभ्यास के माध्यम से, आप अपने मन में नकारात्मक आवाजों को शांत कर सकते हैं और अपने विचारों पर नियंत्रण पा सकते हैं। आंतरिक बातचीत को दबाने की कोशिश न करें। बस स्वीकार करें और वैकल्पिक नाक श्वास जैसे कुछ श्वास अभ्यास करें या केवल श्वास और उच्छ्वास पर ध्यान केंद्रित करें।

स्पष्टता के साथ ध्यान केंद्रित करें: एक शांत मन आपको अपनी इच्छाओं के बारे में स्पष्ट रूप से सोचने की अनुमति देता है। यह स्पष्टता आपको अपने लक्ष्यों की कल्पना करने और अपनी ऊर्जा को उन्हें प्राप्त करने की दिशा में निर्देशित करने में मदद करती है।

श्री यंत्र त्राटक: यह विशिष्ट ध्यान तकनीक, जिसे पुस्तक में आगे खोजा जा सकता है, स्थिरता पाने के लिए भी एक सहायक उपकरण हो सकता है।

याद रखें: स्थिरता प्रभावी प्रकटीकरण की नींव है। अपने मन को शांत करके और विचलनों को दूर करके, आप इरादे निर्धारित करने, इच्छाओं की कल्पना करने और अपने सपनों की दिशा में कार्रवाई करने के लिए मंच तैयार कर सकते हैं।

स्थिरता की स्थिति प्राप्त करने के बाद, अगला कदम अपनी इच्छाओं को स्पष्ट करना है। याद रखें, आकर्षण का नियम केवल आपकी कल्पना द्वारा सीमित है।

चरण 2:

स्पष्टता और भावना के साथ पूछें

शांत मन के साथ, अपनी इच्छाओं को परिभाषित करने का समय आ गया है – यह आकर्षण के नियम के भीतर "पूछने" का सार है। याद रखें, संभावनाएं असीमित हैं, केवल आपकी कल्पना द्वारा निर्देशित।

अपनी दृष्टि को परिभाषित करें: अपने आदर्श जीवन का मानसिक चित्र बनाएं/कल्पना करें – आप कहाँ हैं? आप किसके साथ हैं? कौन से अनुभव आपके दिनों को भरते हैं? अपनी दृष्टि में विशिष्ट और विस्तृत रहें।

अपनी इच्छाओं को पहचानें: आप वास्तव में क्या अनुभव करना, प्राप्त करना या बनना चाहते हैं? अपनी बड़ी और छोटी दोनों इच्छाओं पर स्पष्ट रहें। ब्रह्मांड को मिश्रित संकेत भेजने से बचें – अटूट स्पष्टता महत्वपूर्ण है।

एक स्पष्ट अनुरोध करें: ब्रह्मांड से पूछना एक ऑर्डर देने जैसा है – अपने अनुरोध में सटीक और आश्वस्त रहें। विश्वास रखें कि ब्रह्मांड ने आपकी इच्छाओं को "सुन" लिया है।

भावना को महसूस करें: केवल दृश्य/कल्पना ही पर्याप्त नहीं है – इसे मजबूत भावनात्मक संबंध के साथ मिलाएं। कल्पना करें कि आप वही अनुभव कर रहे हैं जो आप चाहते हैं, और उससे जुड़ी सकारात्मक भावनाओं को मूर्त रूप दें। अपनी कल्पना को इंद्रियजन्य विवरणों से समृद्ध करें, जैसे कि आप वास्तव में उस पल में मौजूद हों। यह भावनात्मक ऊर्जा आपके इरादे को शक्ति प्रदान करती है और उसे वास्तविकता में आकर्षित करने में मदद करती है। कुछ व्यक्तियों को मानसिक चित्रण में कठिनाई होती है, यह पूरी तरह से ठीक है, बस कल्पना करें, लेकिन भावना ब्रह्मांड को संकेत भेजने के लिए महत्वपूर्ण है।

एक विजन बोर्ड बनाएं (वैकल्पिक): अपनी इच्छाओं को चित्रण करें: एक विजन बोर्ड (कोलाज) बनाएं जो आपकी लक्ष्यों को मूर्त रूप देने वाली छवियों और शब्दों को जोड़ता है।

भावना बनें: ब्रह्मांड आपकी ऊर्जा का जवाब देता है: केवल पूछने से कहीं अधिक, अपनी इच्छाओं को प्राप्त करने से जुड़ी भावनाओं को मूर्त रूप दें। यह शक्तिशाली संकेत ब्रह्मांड को आपके अनुरोध को स्पष्ट रूप से करता है।

यह याद रखना महत्वपूर्ण है कि भावना आकर्षण के नियम का एक महत्वपूर्ण पहलू है, जिसे अक्सर कई लोग अनदेखा कर देते हैं। स्पष्ट दृष्टि/कल्पना को मजबूत भावनाओं के साथ मिलाकर, आप अपनी इच्छाओं को प्रभावी ढंग से संप्रेषित करते हैं और उन्हें अपने जीवन में आकर्षित करने के लिए एक शक्तिशाली शक्ति बनाते हैं।

परम प्रकटीकरण विधि

कई लोग ऐसे हैं जो मैनिफेस्टेशन की तकनीकों का इस्तेमाल तो करते हैं, लेकिन उन्हें कोई नतीजा नहीं मिलता। इच्छा करते समय, गहरी सांस लें, अपनी सांस रोकें, अपनी इच्छा बताएं, फिर सांस छोड़ें। याद रखें, सांस छोड़ते समय कभी न पूछें। हमारी सांस केवल एक जीवन संकेत से कहीं अधिक है; यह हमारी आंतरिक प्रक्रियाओं और बाहरी अनुभवों को प्रभावित करती है।

महत्वपूर्ण विचार:

अपना ध्यान उस पर केंद्रित करें जो आप चाहते हैं। आकर्षण का नियम उस पर ध्यान केंद्रित करने की शक्ति पर जोर देता है जिसे आप आकर्षित करना चाहते हैं, न कि उस पर जो आप नहीं चाहते। ऐसा इसलिए है क्योंकि:

नकारात्मक वाक्यांश नकारात्मक ऊर्जा ले जाता है: "मैं उदास नहीं होना चाहता" जैसे वाक्यों में अभी भी उदासी की भावनात्मक ऊर्जा होती है। माना जाता है कि ब्रह्मांड अंतर्निहित ऊर्जा का जवाब देता है, न कि केवल शब्दों का।

ब्रह्मांड सकारात्मक स्वीकारात्मक वाक्य को समझता है: किसी अवांछित चीज को नकारने के बजाय, स्पष्ट रूप से अपने वांछित परिणाम बताएं – "मैं खुश हूं" सकारात्मक ऊर्जा ले जाता है और स्पष्ट रूप से आपकी इच्छा को संप्रेषित करता है।

लक्ष्य पर ध्यान केंद्रित करें, बाधा पर नहीं: "मैं देरी से नहीं पहुँचना चाहता" जैसे वाक्यांश आपको देर होने के नकारात्मक परिणाम पर ध्यान केंद्रित रखते हैं। इसके बजाय, अपना ध्यान वांछित परिणाम पर केंद्रित करें – "मैं जल्दी पहुंचना चाहता हूं"

इच्छाओं को स्पष्ट और सकारात्मक रूप से व्यक्त करें: अपनी स्वीकारात्मक वाक्य में "यदि" या "लेकिन" का उपयोग करने से बचें। अपनी इच्छाओं को व्यक्त करने में स्पष्ट, संक्षिप्त और सकारात्मक रहें।

कभी भी ऐसा न मांगें जो अनैतिक हो या दूसरों को नुकसान पहुंचा सके – यह दोगुनी शक्ति से आपके पास वापस आ जाएगा।

इस तरह से अपनी इच्छाओं को फिर से परिभाषित करके, आप आकर्षण के नियम का अधिक प्रभावी ढंग से लाभ उठा सकते हैं। याद रखें, कहा जाता है कि ब्रह्मांड उस ऊर्जा का जवाब देता है जिसे आप बाहर निकालते हैं, इसलिए सकारात्मक पर ध्यान केंद्रित करें और अपनी इच्छाओं को प्रकट होते देखें।

प्रतियोगिता के बारे में भूल जाओ! आकर्षण का नियम पूरी तरह से आपकी ऊर्जा के बारे में है। इससे कोई फर्क नहीं पड़ता कि कितने अन्य लोग वही चीज़

चाहते हैं। उस पर ध्यान केंद्रित करें जो आप चाहते हैं और इसे स्पष्ट रूप से मानसिक चित्रण/कल्पना करें। अपनी वास्तविकता बनाने की अपनी क्षमता में विश्वास करें, और भय को छोड़ दें। सकारात्मक विचारों और अटूट विश्वास के साथ, आप वह आकर्षित कर सकते हैं जो आप चाहते हैं।

चरण 3:

प्रक्रिया पर विश्वास करें और भरोसा रखें

विश्वास पैदा करें: आकर्षण का नियम आपके विचारों की शक्ति में विश्वास करने के महत्व पर जोर देता है। इसका मतलब है वास्तव में यह विश्वास करना कि आपकी इच्छाओं में प्रकट होने की क्षमता है। याद रखें, यदि आपने किसी चीज़ के बारे में नहीं सोचा है, तो यह आपके लिए एक संभावना नहीं होगी।

ब्रह्मांड पर भरोसा रखें: पूरी तरह से विश्वास रखें कि ब्रह्मांड ने आपका अनुरोध प्राप्त कर लिया है। जब आप स्पष्टता और भावना के साथ पूछते हैं, तो विश्वास रखें कि ब्रह्मांड आपकी इच्छाओं को फलीभूत करने के लिए काम कर रहा है।

धैर्य और कृतज्ञता: धैर्य रखें क्योंकि आपकी इच्छाएं तुरंत प्रकट नहीं हो सकती हैं। ब्रह्मांड की एक अलग समय-सीमा हो सकती है, और आपकी इच्छाएं शुरू में कल्पना की गई तुलना में बेहतर या अधिक विकसित रूप में भी आ सकती हैं। चीजें कैसे प्रकट होती हैं, इसे छोड़ दें, विश्वास और कृतज्ञता पर ध्यान केंद्रित करें। ऐसे कृतज्ञता व्यक्त करें जैसे आपकी इच्छाएं पहले ही प्रकट हो चुकी हों, एक सकारात्मक और ग्रहणशील स्थिति को मजबूत करें।

संदेहों पर काबू पाना: अपने विश्वास को मजबूत करने के लिए, मानसिक चित्र/कल्पना और स्वीकारात्मक वाक्य का उपयोग करने पर विचार करें। मानसिक चित्र/कल्पना – अपने वांछित परिणाम का स्पष्ट विवरण में अनुभव करते हुए खुद की कल्पना करें, अपनी सभी इंद्रियों को संलग्न करें। यह आपके अवचेतन मन को यह विश्वास दिलाने के लिए ट्रिक कर सकता है कि यह वास्तविक है और प्रकटीकरण का मार्ग प्रशस्त कर सकता है। स्वीकारात्मक वाक्य – अपनी इच्छाओं को प्राप्त करने के बारे में सकारात्मक वाक्य को दोहराएं, धीरे-धीरे संदेह को अटूट विश्वास से बदलें।

याद रखें: आकर्षण का नियम एक यात्रा है। मजबूत विश्वास, भरोसा और धैर्य पैदा करना आपकी इच्छाओं को आकर्षित करने के लिए आवश्यक है। अपनी यात्रा का समर्थन करने और सकारात्मक विचार और विश्वास की शक्ति को देखने के लिए मानसिक चित्र/कल्पना और स्वीकारात्मक वाक्य जैसे अभ्यासों में संलग्न हों।

चरण 4:

ज्ञान और क्रिया

आकर्षण का नियम सकारात्मक सोच और स्पष्ट इरादे के साथ-साथ ज्ञान और क्रिया के महत्व पर जोर देता है। यहाँ बताया गया है कि कैसे:

अवसरों को पहचानें: ब्रह्मांड ऐसे अवसर प्रस्तुत कर सकता है जो आपको अपनी इच्छाओं के करीब ले जाने में मदद कर सकते हैं। ये अप्रत्याशित घटनाएं, सहायक लोग या अंतर्दृष्टि हो सकती हैं जो आपको आगे मार्गदर्शन करती हैं। जब वे उत्पन्न हों तो उन्हें पहचानने के लिए खुले और ग्रहणशील रहें।

इच्छा के साथ प्रयास को संरेखित करें: स्मार्ट और समर्पित कार्रवाई करना महत्वपूर्ण है। जबकि ब्रह्मांड आपको मार्गदर्शन और समर्थन कर सकता है, यह कड़ी मेहनत का विकल्प नहीं है। आपका प्रयास और पहल आपके लक्ष्यों के प्रति आपकी प्रतिबद्धता को दर्शाती है और आपकी क्रियाओं को आपकी इच्छाओं के साथ संरेखित करती है।

अपने अंतर्ज्ञान पर भरोसा रखें: सबसे अच्छा मार्गदर्शक अक्सर भीतर ही होता है। जो अवसर आपके साथ और आपके लक्ष्यों के साथ प्रतिध्वनित होते हैं, उन्हें जानने के लिए अपने अंतर्ज्ञान और आंतरिक ज्ञान पर भरोसा रखें।

आराम क्षेत्र से बाहर निकलें, सीखें, योजना बनाएं और निर्णायक रूप से कार्य करें: अपने आराम क्षेत्र से आगे बढ़ें और सक्रिय रूप से ज्ञान प्राप्त करने के लिए उपलब्ध संसाधनों का पता लगाएं। यह सीखना आपको एक रणनीतिक कार्य योजना विकसित करने में सक्षम बनाता है और सकारात्मक मानसिकता और दृढ़ विश्वास से प्रेरित होकर, अपनी परिचित दिनचर्या से साहसपूर्वक बाहर

निकलकर प्रेरित क्रिया को अपनाने और अपने निर्णयों का मार्गदर्शन करने में मदद करता है।

सपने देखने को करने के साथ मिलाएं: जबकि सपने देखना और योजना बनाना महत्वपूर्ण है, उन्हें निष्क्रियता का बहाना न बनने दें। अपनी अभिलाषाएं को एक ठोस योजना में बदलकर और उन्हें वास्तविकता बनाने के लिए प्रेरित कार्रवाई करते हुए, सपने देखने को ठोस कदमों के साथ संतुलित करें।

याद रखें: आकर्षण का नियम आपके सपनों के प्रति एक सक्रिय दृष्टिकोण को प्रोत्साहित करता है। विश्वास, क्रिया और अंतर्ज्ञान को संरेखित करके, आप अपनी इच्छाओं को प्रकट करने के लिए उपजाऊ जमीन बनाते हैं।

चरण 5:

प्राप्त करने के लिए स्वयं को सशक्त बनाएं

एक ग्रहणशील मानसिकता पैदा करें: प्रकटीकरण के इस चरण में अपनी इच्छाओं का सक्रिय रूप से स्वागत करना शामिल है। अपनी इच्छाओं के पूर्ण होने से जुड़ी सकारात्मक भावनाओं को महसूस करें। उस आनंद, संतुष्टि और कृतज्ञता की कल्पना करें जिसका आप अनुभव करेंगे यदि आपकी इच्छाएं प्रकट होतीं।

अपनी कंपन को संरेखित करें: अच्छा महसूस करके, आप अपनी कंपन आवृत्ति को बढ़ाते हैं, जिससे आप अपनी इच्छाओं को आकर्षित करने के लिए अधिक ग्रहणशील बनते हैं। यह आपकी आंतरिक स्थिति को आपके लक्ष्यों की ऊर्जा के साथ संरेखित करता है।

प्रक्रिया पर भरोसा रखें: याद रखें, ब्रह्मांड की आपके लिए एक बड़ी योजना हो सकती है, और कभी–कभी आपको उससे भी बेहतर मिलता है जो आपने शुरू में अनुरोध किया था। प्रक्रिया पर भरोसा रखें और जो अंततः आपके सर्वोच्च हित में है, उसे प्राप्त करने के लिए खुले रहें।

कृतज्ञता व्यक्त करें: आपके पास पहले से मौजूद आशीर्वादों और जो अभी आने वाले हैं, उनके लिए कृतज्ञता महसूस करें। यह सकारात्मक ऊर्जा प्रवाह को मजबूत करता है और आपको और भी अधिक प्रचुरता प्राप्त करने के लिए खोलता है।

सकारात्मक दृष्टिकोण बनाए रखें: संदेह या चिंताओं पर ध्यान न दें। आप जो चाहते हैं उसे प्राप्त करने के लिए ग्रहणशील बने रहने के लिए सकारात्मक मानसिकता बनाए रखने पर ध्यान केंद्रित करें।

याद रखें: प्राप्त करना एक सक्रिय प्रक्रिया है, जिसमें आपकी आंतरिक स्थिति को आपकी इच्छाओं के साथ संरेखित करना और उनके योग्य महसूस करना शामिल है। एक ग्रहणशील मानसिकता पैदा करके, कृतज्ञता व्यक्त करके और सकारात्मक दृष्टिकोण बनाए रखकर, आप अपने जीवन में अपनी इच्छाओं को प्रकट करने के लिए जगह बनाते हैं।

चरण 6:

कृतज्ञता और दान को अपनाएं:

आकर्षण का नियम न केवल अपनी इच्छाओं को प्राप्त करने के बाद बल्कि पूरी प्रकटीकरण प्रक्रिया के दौरान भी कृतज्ञता के महत्व पर प्रकाश डालता है।

नियमित रूप से कृतज्ञता का अभ्यास करें: अपनी इच्छाओं के पहले से ही प्राप्त होने के रूप में और अपनी वर्तमान आशीर्वादों के लिए भी कृतज्ञता व्यक्त करना एक सकारात्मक और ग्रहणशील अवस्था को मजबूत करता है। यह आपकी कंपन आवृत्ति को आपके लक्ष्यों के साथ संरेखित करता है और उन्हें अधिक आसानी से आकर्षित करता है।

कृतज्ञता और बिना शर्त दान को मिलाएं: जब हम कृतज्ञता और बिना शर्त दान को मिलाते हैं, तो हम एक शक्तिशाली तालमेल बनाते हैं जो हमारे जीवन और दूसरों के जीवन को बदल सकता है। कृतज्ञता के भाव से देने से, हम दोनों कार्यों की सकारात्मक ऊर्जा को बढ़ाते हैं। हमें स्वतंत्र और उदारतापूर्वक देना चाहिए, किसी के जीवन में बदलाव लाने के अवसर की सराहना करते हुए।

कृतज्ञता पत्रिका: कृतज्ञता पत्रिका बनाए रखना एक शक्तिशाली उपकरण है। आपके पास पहले से मौजूद आशीर्वादों पर नियमित रूप से विचार करने से प्रशंसा का दृष्टिकोण पैदा होता है और सकारात्मक दृष्टिकोण मजबूत होता है।

अपनी मानसिकता बदलें: कृतज्ञता केवल अच्छा महसूस करने के बारे में नहीं है, जो कुछ आप सराहते हैं उस पर ध्यान केंद्रित करके, आप नकारात्मकता से दूर जाते हैं और सकारात्मक अनुभवों को आकर्षित करते हैं।

अपनी कंपन स्थिति बढ़ाएं: कृतज्ञता आपकी ऊर्जा को बढ़ाती है, जिससे आप अपनी इच्छाओं के प्रति अधिक ग्रहणशील बनते हैं

जीवन के विभिन्न पहलुओं में सुधार करें: स्वास्थ्य और रिश्तों से लेकर वित्तीय भलाई और खुशी तक, कृतज्ञता आपके जीवन के विभिन्न पहलुओं को सकारात्मक रूप से प्रभावित कर सकती है

सकारात्मक बदलाव लाएं: कृतज्ञता का अभ्यास करना और बिना शर्त देना दो शक्तिशाली सिद्धांत हैं जो हमारे जीवन को महत्वपूर्ण रूप से बढ़ा सकते हैं

याद रखें: कृतज्ञता एक शक्तिशाली उपकरण है जो आकर्षण के नियम के साथ आपके अनुभव को महत्वपूर्ण रूप से बढ़ा सकता है जो आपके पास है और आपकी भविष्य की इच्छाओं के लिए प्रशंसा व्यक्त करके, आप सकारात्मक अनुभवों को आकर्षित करने और अपने लक्ष्यों को प्रकट करने के लिए एक उपजाऊ जमीन बनाते हैं कृतज्ञता ललिता सहस्नाम की शक्ति का उपयोग करने में महत्वपूर्ण भूमिका निभाती है कृतज्ञता व्यक्त करके, हम अपने जीवन में पहले से मौजूद आशीर्वादों को स्वीकार करते हैं, अधिक प्रचुरता और सकारात्मकता को आकर्षित करते हैं जाप के भीतर देवी के कई नाम प्रचुरता, समृद्धि और धन को मूर्त रूप देते हैं उन्हें कृतज्ञ हृदय से जपने से ये सकारात्मक ऊर्जाएं हमारे जीवन में आकर्षित होती हैं कृतज्ञता के द्वारा अभाव से संपन्नता की ओर ध्यान केंद्रित करके, हम अपनी इच्छाओं को बेहतर ढंग से साकार कर सकते हैं कृतज्ञता प्रथाएं, जैसे कृतज्ञता पत्रिका रखना या दूसरों के प्रति आभार व्यक्त करना, प्रकटीकरण प्रक्रिया को और बढ़ा सकती हैं

निष्कर्ष में, ललिता सहस्नाम व्यक्तिगत विकास और कल्याण के लिए एक शक्तिशाली और बहुआयामी मार्ग प्रदान करता है जब इसे कृतज्ञता के अभ्यास के साथ जोड़ा जाता है, तो यह सकारात्मकता को आकर्षित करने और अपनी इच्छाओं को प्रकट करने के लिए एक शक्तिशाली उपकरण बन जाता है ध्यान दें

– हालांकि मैंने ललिता सहस्त्रनाम के जाप का उल्लेख किया है,कोई भी ईश्वर के मंत्र का जाप करके या ब्रह्मांड या जिस किसी पर भी वह ईश्वर के रूप में विश्वास करता है, उसके प्रति कृतज्ञता व्यक्त कर सकता है, क्योंकि ईश्वर एक है।

– हालांकि मैंने ललिता सहस्त्रनाम के जाप का उल्लेख किया है,कोई भी ईश्वर के मंत्र का जाप करके या ब्रह्मांड या जिस किसी पर भी वह ईश्वर के रूप में विश्वास करता है, उसके प्रति कृतज्ञता व्यक्त कर सकता है, क्योंकि ईश्वर एक है।

ध्यान देने योग्य महत्वपूर्ण बातें:

नियंत्रण छोड़ें: अपनी इच्छाओं के परिणाम पर जुनूनी होने या सूक्ष्म प्रबंधन करने से बचना महत्वपूर्ण है। विश्वास रखें कि ब्रह्मांड ने आपका अनुरोध प्राप्त कर लिया है और उसे पूरा करने की दिशा में काम कर रहा है। नियंत्रण करने की आवश्यकता को छोड़ दें, और चीजों को स्वाभाविक रूप से प्रकट होने दें।

समय पर भरोसा रखें: याद रखें, ब्रह्मांड के पास आपकी इच्छाओं को प्रकट करने के लिए एक अलग समय–सीमा हो सकती है। प्रक्रिया पर भरोसा रखें और धीमी प्रगति से हतोत्साहित होने से बचें। ब्रह्मांड पर्दे के पीछे काम कर रहा होगा, ऐसी घटनाओं को व्यवस्थित कर रहा होगा जो अंततः आपको आपके लक्ष्यों तक ले जाएंगी।

खुलेपन को अपनाएं: अपनी इच्छाओं को अप्रत्याशित तरीकों से प्राप्त करने के लिए खुले रहें। ब्रह्मांड आपको ऐसे अवसरों या उत्तरों से आश्चर्यचकित कर सकता है जो आपकी प्रारंभिक अपेक्षाओं से भिन्न हों। लचीलेपन को अपनाएं और विश्वास रखें कि अप्रत्याशित रास्ते भी आपके वांछित परिणाम की ओर ले जा सकते हैं।

अवसरों को पकड़ें: जबकि ब्रह्मांड पर भरोसा करना महत्वपूर्ण है, निष्क्रिय न बनें। जब आपके लक्ष्यों के अनुरूप अवसर उत्पन्न हों, तो कार्रवाई करें और उन्हें पकड़ें।

आदेश देने की उपमा: ब्रह्मांड से पूछने को एक मेनू से ऑर्डर देने के रूप में सोचें। विश्वास रखें कि रेस्तरां (ब्रह्मांड) ने आपका अनुरोध प्राप्त कर लिया है, और वे इसे सावधानी से तैयार करेंगे। इंतजार के अनुभव का आनंद लेने पर ध्यान केंद्रित करें, यह जानते हुए कि आपका ऑर्डर रास्ते में है।

याद रखें: जाने देना और प्रक्रिया पर भरोसा करना आकर्षण के नियम का एक महत्वपूर्ण पहलू है। यह आपको अनावश्यक चिंताओं को छोड़ने की अनुमति देता है और आपको अप्रत्याशित और संतोषजनक तरीकों से अपनी इच्छाओं को प्राप्त करने के लिए खोलता है।

जल प्रकटीकरण तकनीक

अपनी इच्छाओं को वास्तविकता में बदलना चाहते हैं? जल प्रकटीकरण तकनीक आजमाएं!

यह विधि, आकर्षण के नियम से प्रेरित होकर, आपकी इच्छाओं को बढ़ाने के लिए जल का उपयोग करती है। अनुयायियों का कहना है कि जल ऊर्जा को अवशोषित करता है, जिससे यह एक उत्तम उपकरण बन जाता है।

यह कैसे काम करता है:

अपना पात्र चुनें: एक समर्पित गिलास या बोतल चुनें। स्टील का बर्तन न लें।

अपनी इच्छा पर स्पष्ट हों: आप क्या चाहते हैं? एक नई नौकरी, प्यार, या बस आभारी महसूस करना?

जल में भरें: गहरी सांस लें। जैसे ही आप पानी डालते हैं, कल्पना करें कि आपकी इच्छा पानी को सकारात्मक ऊर्जा से भर रही है, जिससे आप अपने लक्ष्य के करीब पहुंच रहे हैं। सांस छोड़ें।

इसे और ऊर्जावान बनाएं: सांस लें और सांस रोकें। बर्तन को पकड़ें, पानी पर ध्यान केंद्रित करें। कल्पना करें कि एक तेज रोशनी इसे घेर रही है, इसे सकारात्मकता से भर रही है। आप अपनी इच्छा से मेल खाने वाले स्वीकारात्मक वाक्य भी कह सकते हैं। सांस छोड़ें।

पिएं और विश्वास करें: पानी का सेवन करें या इसे अपने आप पर छिड़कें, वास्तव में विश्वास करते हुए कि इसमें आपकी इच्छा की ऊर्जा है। इसे अपने

शरीर को पोषण देने और आपको अपने सपने के साथ संरेखित करने का अनुभव करें।

धन्यवाद दें: अपनी इच्छा पूरी करने के लिए ब्रह्मांड को धन्यवाद दें, भले ही यह अभी तक नहीं हुई हो। लगाव को छोड़ दें और ब्रह्मांड के समय पर भरोसा रखें।

सर्वोत्तम परिणामों के लिए दोहराएं: इसे रोजाना, साप्ताहिक या जब भी आप ऐसा करने के लिए प्रेरित महसूस करें। निरंतरता और विश्वास महत्वपूर्ण हैं!

याद रखने योग्य महत्वपूर्ण बातें:

लोगों ने पाया है कि यह तकनीक उन्हें लक्ष्यों पर ध्यान केंद्रित करने और सकारात्मक मानसिकता विकसित करने में मदद करती है।

यह अभ्यास आपके सपनों की दिशा में कार्रवाई करने के साथ-साथ काम करता है, न कि इसके बदले।

यह तकनीक ललिता सहस्रनाम के फलश्रुति (सुनने के फल) में निम्नलिखित श्लोक में गुप्त रूप से वर्णित है:

जलं-सं-मन्त्र्य-कुम्भस्थं-नाम-साहस्रतो मुने,
अभिषिञ्चेद्-ग्रह-ग्रस्तान्-ग्रहा-नश्यन्ती-तत्-क्षणात्।

जिसका अर्थ है हे मुनि, एक बर्तन में पानी भरकर, और हजार नामों का जाप करके, और उस पानी से खुद को अभिषिक्त करने से ग्रहों द्वारा बनाई गई सभी समस्याएं दूर हो जाएंगी।

कृपया ध्यान दें – हालांकि इस श्लोक में 1000 नामों के जाप का उल्लेख है, कोई भी ईश्वर के मंत्र का जाप करके या ब्रह्मांड या जिस किसी पर भी वह ईश्वर के रूप में विश्वास करता है, उसके प्रति कृतज्ञता व्यक्त कर सकता है, क्योंकि ईश्वर एक है। यह श्लोक ललिता सहस्रनाम से लिया गया है, इसलिए इसमें 1000 नामों के जाप का उल्लेख है।

अपनी इच्छाओं को प्रकट करने की परम श्वास तकनीक – छुपा रहस्य प्रकट

मैं तुम्हारी श्वास हूँ, तुम्हारे जीवन का मूल सार।
फिर भी, महत्वहीन समझकर,
मुझे अक्सर अनदेखा किया जाता है।
जब मैं विदा हो जाऊंगी, तो तुम दर्द महसूस करोगे,
तब यह महसूस करोगे, मैं तुम्हारा ही क्षेत्र थी।
तुमने मुझे हल्के में लिया है, यह सच है,
लेकिन मैं तुमसे कहीं अधिक शक्तिशाली हूँ
मांगो, और मैं तुम्हें वह सब दूंगी जो तुम चाहते हो,
मेरे सार को स्वीकार करो, और नई ऊंचाइयों पर पहुंचो।

हम ब्रह्मांड के लघु रूप हैं, जो बाहरी दुनिया को अपने भीतर दर्शाते हैं। हमारा अवचेतन मन, एक शक्तिशाली शक्ति, श्वास कार्य सहित विभिन्न तकनीकों के माध्यम से नए सिरे से प्रोग्राम किया जा सकता है। स्वर योग, मस्तिष्क श्वास का तांत्रिक विज्ञान, ऐसा ही एक शक्तिशाली उपकरण है।

शिव स्वरोदय, विज्ञान भैरव तंत्र और पतंजलि योग सूत्र जैसे प्राचीन ग्रंथ श्वास नियंत्रण और अन्य योगिक प्रथाओं पर ज्ञान का भंडार प्रदान करते हैं। इस पुस्तक में, हम अपने मन की शक्ति का उपयोग करने और अपनी इच्छाओं को प्रकट करने के लिए विशिष्ट श्वास तकनीक पर विचार करेंगे।

कहा जाता है कि मानव शरीर में 72,000 सूक्ष्म ऊर्जा चैनल, या नाड़ियां होती हैं, जो नाभि से उत्पन्न होती हैं और सममित रूप से शाखाएं बनाती हैं। इनमें से तीन नाड़ियां, इडा, पिंगला और सुषुम्ना, विशेष रूप से महत्वपूर्ण हैं। इडा, जिसे अक्सर चंद्रमा नाड़ी कहा जाता है, स्त्री ऊर्जा से जुड़ी है, जबकि पिंगला, या सूर्य नाड़ी, मर्दाना ऊर्जा से जुड़ी है।

हमारी श्वास के तरीके इन नाड़ियों से निकटता से जुड़े हुए हैं। किसी भी समय, एक नासिका दूसरी की तुलना में अधिक सक्रिय होती है। जब दाहिनी नासिका प्रभावी होती है, तो पिंगला नाड़ी सक्रिय होती है। जब बाईं नासिका प्रभावी होती है, तो इडा नाड़ी सक्रिय होती है। कुछ मिनटों के लिए दोनों नासिकाओं से संतुलित श्वास की एक संक्षिप्त अवधि होती है, जिसके दौरान सुषुम्ना नाड़ी सक्रिय होती है। मानव शरीर पाँच तत्वों (तत्वों) – आकाश, वायु, अग्नि, जल और पृथ्वी – से बना है। ये तत्व इडा और पिंगला नाड़ियों में बारी–बारी से बहते हैं।

शिव स्वरोदय जैसे प्राचीन ग्रंथ सक्रिय नाड़ी और तत्वों के आधार पर विभिन्न प्रथाओं और जीवनशैली समायोजन प्रदान करते हैं। हमारे प्रकटीकरण के उद्देश्यों के लिए, हम एक साधारण श्वास तकनीक पर ध्यान केंद्रित करेंगे।

अवचेतन मन सुबह उठने के तुरंत बाद सबसे अधिक ग्रहणशील होता है। यही कारण है कि आकर्षण के नियम के अनुयायी इस समय मानसिक चित्रण और स्वीकारात्मक वाक्य पर जोर देते हैं ताकि इच्छाओं को अवचेतन मन पर अंकित किया जा सके।

स्वीकारात्मक वाक्य के लिए एक विचारपूर्ण दृष्टिकोण

कई लोग सांस की शक्ति पर विचार किए बिना लगातार स्वीकारात्मक वाक्य को दोहराने की गलती करते हैं। लगातार मांगने की कोई आवश्यकता नहीं है। इसके बजाय, एक विशिष्ट सुबह की रस्म पर ध्यान केंद्रित करें:

सक्रिय नासिका को पहचानें: जागने पर, निर्धारित करें कि कौन सी नासिका अधिक सक्रिय है।

इरादतन श्वास और अपने शरीर को संरेखित करें: गहरी सांस लें और अपना चेहरा सक्रिय नासिका छिद्र की ओर मोड़ें। कम से कम 9 सेकंड तक सांस रोकें, अपनी इच्छा की कल्पना/दृश्य करें, और धीरे–धीरे सांस छोड़ें।

विचारपूर्वक उठना: जैसे ही आप उठें, सक्रिय नासिका से संबंधित पैर को पहले रखें। पहला पैर रखने से पहले, श्वास–कल्पना/दृश्य प्रक्रिया शुरू करें और कम से कम 9 सेकंड तक जारी रखें। फिर दूसरा पैर रखें, उठें और फिर साँस छोड़ें।

यह अभ्यास आपके अवचेतन मन को नए सिरे से प्रोग्राम करने और आपके भीतर की ऊर्जाओं को संतुलित करने में मदद करता है। विश्वास रखें कि ब्रह्मांड ने आपका अनुरोध सुन लिया है, और अपने दिन को अपनाने के लिए जाने दें।

अध्याय 2
संबंध का अनावरण: आकर्षण का नियम और ललिता सहस्रनाम

यह अध्याय आकर्षण के नियम और ललिता सहस्रनाम के प्रासंगिक श्लोकों के बीच आकर्षक संबंध में तल्लीन होता है, यह पता लगाता है कि दोनों सिद्धांत कैसे विचारपूर्वक प्रकटीकरण को प्रोत्साहित करते हैं।

श्लोक 130 एक चरमोत्कर्ष "बिंदु के रूप में कार्य करता है, जो इच्छाओं को प्रकट करने के लिए सार्वभौमिक ऊर्जा का उपयोग करने हेतु एक सूत्र प्रदान करता है।

श्लोक 1–3 सार्वत्रिक ऊर्जा के मूलभूत स्वरूप और उसके संचालन सिद्धांतों को स्थापित करते हैं।

श्लोक 4–11 इस ऊर्जा के साथ मानव अंतराफलक का पता लगाते हैं, इंद्रियों की भूमिका को वाहक के रूप में ध्यान आकर्षित करते हैं।

श्लोक 172 हमारे दैनिक जीवन में कृतज्ञता के महत्व और एक आभारी हृदय पैदा करने के महत्व पर जोर देता है।

ध्यान दें: ये श्लोकों की केवल एक व्याख्या है। कई अन्य संभावित व्याख्याएं हैं यह याद रखना महत्वपूर्ण है कि एक श्लोक का अर्थ स्थिर नहीं होता है। यह उस संदर्भ के आधार पर बदल सकता है जिसमें इसे जपा या पढ़ा जाता है। सबसे महत्वपूर्ण बात यह है कि एक ऐसी व्याख्या खोजें जो आपके साथ प्रतिध्वनित हो और आपको दिव्य से जुड़ने में मदद करे।

श्लोक 130

इच्छाशक्ति–ज्ञानशक्ति–क्रियाशक्ति–स्वरूपिणी ।
सर्वाधारा सुप्रतिष्ठा सदसद्रूप–धारिणी ॥ 130 ॥

इच्छाशक्ति–ज्ञानशक्ति–क्रियाशक्ति–स्वरूपिणी

अर्थ: "इच्छा, ज्ञान और क्रिया की शक्ति के रूप में समाहित"

सर्वाधारा

अर्थ: "सबका आधार"

सुप्रतिष्ठा

अर्थ: "दृढ़ता से स्थापित"

सदसद्रूप–धारिणी

अर्थ: "वास्तविक और अवास्तविक रूपों की धारक"

दिव्य प्रकटीकरणकर्ता के रूप में

यह श्लोक खूबसूरती से दिव्य को शक्तियों के अवतार के रूप में प्रस्तुत करता है, यह सुझाव देता है कि वह परम प्रकटीकरणकर्ता है। इस श्लोक की व्याख्या इस प्रकार की जाती है कि वह इच्छाशक्ति, ज्ञानशक्ति और क्रियाशक्ति का रूप है; सब कुछ का अच्छी तरह से स्थापित समर्थन है; वास्तविक और अवास्तविक

दोनों रूपों की धारक है। वह वह नींव है जिस पर सभी अस्तित्व टिका हुआ है, जिसमें वास्तविक और अवास्तविक दोनों रूप शामिल हैं।

श्लोक को आकर्षण के नियम से जोड़ना

यह श्लोक, जो दार्शनिक और आध्यात्मिक अर्थों से समृद्ध है, गहन अंतर्दृष्टि प्रदान करता है जो आकर्षण के नियम के मूल सिद्धांतों के साथ उल्लेखनीय रूप से संरेखित होती हैं:

इच्छा-शक्ति (इच्छा की शक्ति): इच्छा सृजन के पीछे प्रेरक शक्ति है। आकर्षण का नियम कहता है कि हम जिस पर ध्यान केंद्रित करते हैं और इच्छा करते हैं, उसे हम अपने जीवन में आकर्षित करते हैं। यह श्लोक दिव्य शक्ति को सभी इच्छाओं के स्रोत के रूप में उजागर करता है, यह सुझाव देता है कि हमारी इच्छाएं एक सार्वत्रिक रचनात्मक शक्ति से जुड़ी हुई हैं।

ज्ञान-शक्ति (ज्ञान की शक्ति): ज्ञान हमें अपनी वास्तविकता को आकार देने के लिए सशक्त बनाता है। आकर्षण के नियम को समझने से हमें अपने जीवन को सचेत रूप से बनाने का ज्ञान मिलता है। दिव्य शक्ति, ज्ञान के अवतार के रूप में, हमें प्रकटीकरण के अंतर्निहित सिद्धांतों को समझने की ओर मार्गदर्शन करती है।

क्रिया-शक्ति (क्रिया की शक्ति): क्रिया इच्छा और प्रकटीकरण के बीच की कड़ी है। आकर्षण का नियम हमारी इच्छाओं को वास्तविकता में लाने के लिए प्रेरित कार्रवाई करने के महत्व पर जोर देता है। दिव्य शक्ति, क्रिया की शक्ति होने के नाते, हमें अपने सपनों को प्रकट करने के लिए आवश्यक कदम उठाने के लिए प्रेरित करती है।

सर्वाधारा सुप्रतिष्ठा (सब कुछ का अच्छी तरह से स्थापित समर्थन): यह वाक्यांश बताता है कि अस्तित्व में सब कुछ एक दिव्य सिद्धांत द्वारा समर्थित है।

आकर्षण के नियम के संदर्भ में, यह सिद्धांत स्वयं आकर्षण का सार्वत्रिक नियम है।

सदसद्रूप-धारिणी (वास्तविक और अवास्तविक रूपों का धारक): यह दिव्य क्षमता को प्रकट और अप्रकट दोनों क्षेत्रों को समाहित करने का संकेत देता है। यह भौतिकी में क्वांटम क्षेत्र की अवधारणा के साथ संरेखित होता है, जहां सभी संभावनाएं प्रकट होने से पहले मौजूद होती हैं।

निष्कर्ष:

संक्षेप में, यह श्लोक आकर्षण के नियम के लिए एक आध्यात्मिक और दार्शनिक नींव प्रदान करता है। यह सुझाव देता है कि दिव्य ऊर्जा के साथ संरेखित होकर, हम अपनी इच्छाओं को प्रकट करने के लिए ब्रह्मांड की रचनात्मक शक्ति का उपयोग कर सकते हैं।

श्लोक 1

श्रीमाता श्रीमहाराज्ञी श्रीमत्-सिंहासनेश्वरी ।
चिदग्नि-कुण्ड-सम्भूता देवकार्य-समुद्यता ॥ 1 ॥

श्रीमाता

अर्थ: "सर्वोच्च माता"

श्रीमहाराज्ञी

अर्थ: "सर्वोच्च रानी"

श्रीमत्-सिंहासनेश्वरी

अर्थ: "सिंह सिंहासन पर बैठी सर्वोच्च शासक"

चिदग्नि-कुण्ड-सम्भूता

अर्थ: "चेतना की अग्नि वेदी से उत्पन्न"

देवकार्य-समुद्यता

अर्थ: "देवताओं के कार्य में तत्पर"

माता का आलिंगन: ललिता सहस्त्रनाम

जैसे एक बच्चा खुशी या कठिनाई के समय में सहज रूप से अपनी माँ को पुकारता है, वैसे ही ललिता सहस्त्रनाम सार्वत्रिक माता, ललिता देवी का **"श्री माता"** (श्रद्धेय माता – सार्वत्रिक ऊर्जा) के रूप में आह्वान करके शुरू होता है। वह भौतिक और सूक्ष्म दोनों, सभी सृजन का स्रोत हैं। ब्रह्मांड में प्रत्येक वस्तु और सब कुछ एक ही स्रोत से बना है। भजन के पहले नाम उनकी रचनात्मक शक्ति (पहला नाम) और उनकी निरंतर शक्ति (दूसरा नाम) को उजागर करते हैं। एक शेर पर सवार एक माँ के रूप में परिकल्पित, ललिता देवी सृजन और विघटन दोनों का प्रतीक हैं। शेर, जिसे अक्सर उग्रता और निडरता दोनों के रूप में व्याख्यायित किया जाता है, नकारात्मकता को भंग करने और भक्तों को बदलने की उनकी क्षमता का प्रतीक है। चौथा नाम उन्हें **"चिद्-अग्नि-कुण्ड-सम्भूता"** के रूप में वर्णित करता है जिसका अर्थ है – शुद्ध चेतना की अग्नि वेदी से उत्पन्न। यह किसी शाब्दिक जन्म का अर्थ नहीं है, बल्कि कुंडलिनी के जागरण का अर्थ है – भक्त की ध्यानिक जागरूकता के भीतर दिव्य ऊर्जा का जागरण। यह जागरण नकारात्मकता को दूर करता है और दिव्य गुणों को बढ़ावा देता है। ललिता देवी अपनी शुद्ध चेतना के माध्यम से अज्ञान को दूर करती हैं, भ्रम के अंधेरे को प्रकाशित करती हैं। वह दिव्य प्राणियों (देवताओं) और नश्वर प्राणियों (जीवों) दोनों के लिए समर्थन का स्रोत हैं। वह न केवल मार्गदर्शन प्रदान करती हैं, बल्कि देवताओं और जीवों को आवश्यकता पड़ने पर कार्रवाई करने के लिए सशक्त भी बनाती हैं।

आकर्षण के नियम से जोड़ना

यह अंश ललिता सहस्त्रनाम और आकर्षण के नियम की अवधारणाओं के बीच समानताएं दर्शाता है। यह निम्नलिखित संबंधों को उजागर करता है:

सब कुछ ऊर्जा है: दोनों एक मौलिक सार्वत्रिक ऊर्जा को स्वीकार करते हैं जो सब कुछ व्याप्त करती है।

प्रकटीकरण की शक्ति: ध्यान के माध्यम से कुंडलिनी का जागरण आकर्षण के नियम के हमारे विचारों और ऊर्जा को वांछित परिणामों की ओर निर्देशित करने पर ध्यान केंद्रित करने के साथ प्रतिध्वनित होता है।

दिव्य समर्थन: दोनों ब्रह्मांड या उच्च शक्तियों से मदद और मार्गदर्शन प्राप्त करने की क्षमता को स्वीकार करते हैं और परिवर्तन के लिए आवश्यक साहस को भी स्वीकार करते हैं।

निष्कर्ष:

ललिता सहस्रनाम के पहले श्लोक के भीतर इन गहरे अर्थों को समझने से यह जोर दिया जाता है कि आकर्षण का नियम केवल एक सतही अवधारणा नहीं है बल्कि ऊर्जा, चेतना और एक उच्च शक्ति के साथ संबंध के सार्वत्रिक सिद्धांतों के साथ संरेखित होता है। यह व्यक्तियों को सीमित मान्यताओं को चुनौती देने और अधिक शांतिपूर्ण और संतोषजनक जीवन के लिए इस ज्ञान को अपनाने के लिए प्रोत्साहित करता है। कुल मिलाकर, यह श्लोक ललिता सहस्रनाम को आकर्षण के नियम के लेंस के माध्यम से व्याख्यायित करता है – सार्वत्रिक ऊर्जा, हमारी चेतना और हमारी इच्छाओं को प्रकट करने की क्षमता के बीच संबंध को उजागर करता है।

श्लोक 2 और 3

उद्यद्भानु-सहस्राभा चतुर्बाहु-समन्विता ।
रागस्वरूप-पाशाढ्या क्रोधाकाराङ्कुशोज्ज्वला ॥ 2 ॥

मनोरूपेक्षु-कोदण्डा पञ्चतन्मात्र-सायका ।
निजारुण-प्रभापूर-मज्जद्ब्रह्माण्ड-मण्डला ॥ 3 ॥

उद्यद्भानु-सहस्राभा

अर्थ: "वह जो उगते हुए हजारों सूर्यों की कांति के साथ चमकती है"

चतुर्बाहु-समन्विता

अर्थ: "वह जो चार भुजाओं से युक्त है"

रागस्वरूप-पाशाढ्या

अर्थ: "वह जो इच्छाओं की रस्सी धारण करती है"

क्रोधाकाराङ्कुशोज्ज्वला

अर्थ: "वह जो क्रोध के आकार वाले अंकुश (नियंत्रण) से चमकती है"

मनोरूपेक्षु-कोदण्डा

अर्थ: "वह जो मन रूपी गन्ने का धनुष धारण करती है"

पञ्चतन्मात्र–सायका

अर्थ: "वह जो पाँच सूक्ष्म तत्वों के बाण रखती है"

निजारुण–प्रभापूर–मज्जद्ब्रह्माण्ड–मण्डला

अर्थ: "वह जो अपने लाल रंग की आभा के प्रवाह से ब्रह्मांड मंडल को डुबो देती है"

दिव्य माँ का ध्यान

यह खंड देवी के चतुर्भुज रूप पर ध्यान करने के लिए प्रोत्साहित करता है, जो विभिन्न हथियारों से सुसज्जित हैं और अपार प्रकाश विकीर्ण करती हैं। पाठ "पाश" (रस्सी) और "अंकुश" (नियंत्रण) के प्रतीकवाद की पड़ताल करता है, जो हमारे जीवन में प्रेम और घृणा के परस्पर क्रिया का प्रतिनिधित्व करते हैं यह आध्यात्मिक अभ्यास के माध्यम से इन ध्रुवीयताओं को पार करने पर जोर देता है

इसी प्रकार, "कोदंड" (धनुष) और पांच बाणों (फूलों) पर चिंतन हमें याद दिलाता है कि कैसे हमारे मन पांच इंद्रियों से प्रभावित होते हैं, जिससे कर्म का निर्माण होता है। यह अभ्यास हमें नकारात्मक कर्मों का निर्माण जारी रखने से मुक्त होने और दूसरों के साथ-साथ स्वयं को भी क्षमा करने की ओर मार्गदर्शन करने का लक्ष्य रखता है

ध्यान में जब हम दिव्य ऊर्जा से जुड़ते हैं, तो यह हमें ज्ञान प्रदान करती है, सही मार्ग दिखाती है और हमारे क्रोध को बुद्धिमत्ता में बदल देती है। इसमें हमें सुधारने की शक्ति है

कुल मिलाकर, ये सात नाम (6–12) ललिता देवी के दिव्य गुणों और शक्तियों को और अधिक स्पष्ट करते हैं। वह प्रकाश, सौंदर्य, शक्ति और नियंत्रण का स्रोत हैं। वह वह हैं जो हमें अपनी सीमाओं को पार करने और सच्ची मुक्ति प्राप्त करने में मदद करती हैं।

प्रतीकवाद और व्याख्या

पाठ देवी के लाल रंग और उनके चार भुजाओं का वर्णन करता है जो हजारों सूर्यों की कांति, अंकुश, पाश, गन्ने का धनुष और पांच बाण धारण करते हैं। इन तत्वों की व्याख्या इस प्रकार की गई है:

हजारों सूर्यों की कांति: हज़ार उगते सूरज ब्रह्मांडीय ऊर्जा की अनंत क्षमता का प्रतिनिधित्व करते हैं।

अंकुश: अपने भक्तों के लिए सही रास्ते की ओर दिव्य संकेत और इच्छाओं को पूरा करने की क्षमता और नियंत्रण का प्रतिनिधित्व करता है।

पाश: घृणा को दूर करने और ज्ञान प्रदान करने की शक्ति का प्रतिनिधित्व करता है।

गन्ने का धनुष: अहंकार को कुचलने और ब्रह्म (निरपेक्ष वास्तविकता) की मधुर वास्तविकता को प्रकट करने का प्रतीक है।

पांच बाण (फूल): पांच इंद्रियों के अलावा, पांच बाण – उत्साह, पागलपन, भ्रम, प्रोत्साहन और विध्वंस का भी प्रतिनिधित्व करते हैं – जो भ्रम पैदा कर सकते हैं। देवी इन "बाणों" को अपनी लीला के खिलौनों के रूप में उपयोग करती हैं।

लाल रंग: देवी के लाल रंग का वर्णन सभी की माँ के रूप में उनकी सार्वत्रिक देखभाल और करुणा को दर्शाता है।

आकर्षण के नियम से संबंध

यह मार्ग इस व्याख्या और आकर्षण के नियम के बीच समानताएं दर्शाता है:

सार्वत्रिक ऊर्जा: हमारे विचार और भावनाएं, जैसा कि पाठ में वर्णित ऊर्जा में अपार क्षमता होती है।

कार्यात्मक प्रकृति: चार भुजाएँ इस ऊर्जा के विभिन्न तरीकों का प्रतीक हैं, न कि शाब्दिक शारीरिक अंग।

नकारात्मकता पर काबू पाना: पाश और अंकुश के समान, आकर्षण का नियम नकारात्मक विचारों को छोड़ने और सकारात्मक विचारों को अपनाने का सुझाव देता है।

इंद्रियों का उपयोग: दोनों अवधारणाएं हमारे विचारों और इच्छाओं को प्रभावित करने में हमारी इंद्रियों की भूमिका को स्वीकार करती हैं।

विचार से वास्तविकता तक: दोनों हमारे अनुभवों को आकार देने में विचारों की शक्ति पर जोर देते हैं।

निष्कर्ष

निष्कर्ष में, ये छंद देवी के रूप के प्रतीकात्मक अर्थ में गहराई से उतरते हैं, और इसे आकर्षण के नियम के सिद्धांतों से जोड़ते हैं। यह हमारे विचारों और

भावनाओं को प्रभावी ढंग से जीवन की यात्रा को संचालित करने के लिए उपयोग करने की अवधारणा पर प्रकाश डालता है।

श्लोक 4

चम्पकाशोक-पुन्नाग-सौगन्धिक-लसत्कचा ।
कुरुविन्दमणि-श्रेणी-कनत्कोटीर-मण्डिता ॥ 4 ॥

चम्पकाशोक-पुन्नाग-सौगन्धिक-लसत्कचा

अर्थ: "जिनके केश चम्पा, अशोक, पुन्नाग और सौगंधिक पुष्पों से सुशोभित हैं"

कुरुविन्दमणि-श्रेणी-कनत्कोटीर-मण्डिता

अर्थ: "जो कुरविंद मणियों की पंक्ति से चमकते हुए सोने के मुकुट से सुशोभित हैं।"

आंतरिक परिवर्तन और उच्च कंपन

यह खंड देवी के सजे हुए फूलों और रत्न पर केंद्रित है, जो गहरे अर्थ प्रदान करता है।

फूल और बाल: देवी के बालों को सजाने वाले चार सुगंधित फूल हमारे "अंतःकरण" (आंतरिक उपकरण) – मन, बुद्धि, चेतना और अहंकार के चार पहलुओं का प्रतीक हैं। हालाँकि, उन्हें अपनी सुगंध स्वयं से नहीं, बल्कि देवी के बालों से प्राप्त होती है, जो उस परिवर्तन का प्रतिनिधित्व करता है जो तब होता है जब हम अपने "अहंकार को जलाते हैं" (नकारात्मकता पर काबू पाते हैं) और अपनी आंतरिक संकायों का उपयोग उच्च चेतना की सेवा में करते हैं। यह एक आध्यात्मिक रूप से उन्नत योगी के शरीर की गंध की अवधारणा के अनुरूप है जो बाहरी पदार्थों से नहीं, बल्कि आंतरिक परिवर्तन से उत्पन्न होती है।

माणिक और ललाट: "कुरुविन्द" माणिक प्रेम, समृद्धि और भक्ति का प्रतीक है। इस रत्न से सजे देवी के सिर पर ध्यान करने से ऐसे चिंतन के माध्यम से भक्ति को बढ़ाने की क्षमता का प्रतीक है।

आकर्षण के नियम से संबंध

आकर्षण के नियम के समानांतर चित्रण:

उच्च कंपन अवस्था: पिछली व्याख्याओं के समान, पाठ "उच्च कंपन अवस्था" को एक मीठी सुगंधित अवस्था के बराबर बताता है। यह जोर देता है कि ध्यान के माध्यम से, हम इस ऊर्जा में टैप कर सकते हैं और अपने कंपन को बढ़ा सकते हैं। उच्च कंपन ऊर्जा की यह अवस्था "अहंकार को जलाने" और हमारी भीतरी क्षमताओं का सकारात्मक उपयोग करके प्राप्त की जाती है, जो सकारात्मक विचारों के सकारात्मक अनुभवों को आकर्षित करने की अवधारणा के अनुरूप है।

आंतरिक प्रकाश पर ध्यान केंद्रित करना: इस पाठ में चेतना और ऊर्जा को ऊपर उठाने के लिए सिर के शिखर (सहस्रार चक्र) पर ध्यान केंद्रित करने का उल्लेख है, और इसे "कुरुविन्द" रत्न से जोड़ा गया है। यह आकर्षण के नियम के सिद्धांत से मेल खाता है, जिसके अनुसार हम अपनी मनचाही अवस्था और इरादों पर ध्यान केंद्रित करके उन्हें साकार कर सकते हैं।

निष्कर्ष

कुल मिलाकर, यह गद्यांश ललिता सहस्रनाम की व्याख्या आकर्षण के नियम के दृष्टिकोण से करता है, आंतरिक परिवर्तन, अहंकार पर विजय और ध्यान और सकारात्मक इरादे के माध्यम से अपनी कंपन स्थिति को बढ़ाने के महत्व पर प्रकाश डालता है।

श्लोक 5

अष्टमीचन्द्र-विभ्राज-दलिकस्थल-शोभिता।
मुखचन्द्र-कलङ्काभ-मृगनाभि-विशेषका ॥ 5 ॥

अष्टमीचन्द्र-विभ्राज-दलिकस्थल-शोभिता

अर्थ: "जिनका मस्तक अष्टमी के चंद्रमा के समान सुन्दर चमक रहा है"

मुखचन्द्र-कलङ्काभ-मृगनाभि-विशेषका

अर्थ: "वह जिसका चेहरा चंद्रमा के समान है, और जिस पर कस्तूरी की हिरण की गंध का तिलक है"

ललाट और ललाट पर कस्तूरी का प्रतीकवाद

यह खंड ललिता देवी के ललाट के प्रतीकवाद की पड़ताल करता है।

अष्टमी का चंद्रमा: उनके मस्तक की तुलना चंद्र चक्र के आठवें दिन के चंद्रमा से करना जीवन की परिस्थितियों की परवाह किए बिना मानसिक समभाव बनाए रखने का प्रतीक है। भारतीय परंपरा में मन से जुड़ा चंद्रमा, अष्टमी का चंद्रमा चंद्रमा के प्रकाश और अंधेरे दोनों पक्षों पर समान दिखाई देता है, जो अच्छे और बुरे समय में संतुलित और शांत मन की आवश्यकता का प्रतीक है।

ललाट पर कस्तूरी: ललाट पर "मृग-नाभि" (कस्तूरी मृग से प्राप्त कस्तूरी) एक सुंदर मन को सकारात्मक विचारों, दृष्टिकोण और शांति से भरा रखने का संकेत देता है। तांत्रिक परंपराओं में, कस्तूरी को इस प्रतीकात्मक उद्देश्य के लिए मस्तक

पर लगाया जाता है ताकि यह याद दिलाया जा सके कि मन का नकारात्मक प्रभाव हो सकता है, लेकिन व्यक्ति को आत्म-नियंत्रण रखने की आवश्यकता है।

आकर्षण के नियम से संबंध

आकर्षण के नियम के समानांतर चित्रण:

उच्च कंपन अवस्था बनाए रखना: आकर्षण के नियम में साझा सिद्धांतों में से एक सिद्धांत शांत और तनावमुक्त रहना है ताकि प्रकटीकरण को सुगम बनाया जा सके। यह व्याख्या में जोर दिए गए स्थिति की परवाह किए बिना मानसिक समभाव बनाए रखने की अवधारणा के अनुरूप है।

नकारात्मक विचारों पर नियंत्रण: व्याख्या नकारात्मक विचारों को छोड़ने और सकारात्मक मानसिक अवस्थाओं को बनाए रखने के महत्व पर जोर देती है। यह आकर्षण के नियम के सिद्धांत के अनुरूप है जो सकारात्मक विचारों और इरादों पर ध्यान केंद्रित करके सकारात्मक अनुभवों को आकर्षित करता है।

निष्कर्ष

यह मार्ग ललिता सहस्रनाम की व्याख्या आकर्षण के नियम के लेंस के माध्यम से करता है, सफल प्रकटीकरण और एक पूर्ण जीवन के लिए संतुलित और सकारात्मक मन बनाए रखने के महत्व पर प्रकाश डालता है।

श्लोक 6

वदनस्मर-माङ्गल्य-गृहतोरण-चिल्लिका ।
वक्त्रलक्ष्मी-परीवाह-चलन्मीनाभ-लोचना ॥ 6 ॥

वदनस्मर-माङ्गल्य-गृहतोरण-चिल्लिका

अर्थ: "जिनका मुख कामदेव के मंगलमय महल के तोरण के समान है और जिनकी भौंहें उस महल के प्रवेश द्वार के समान हैं"

वक्त्रलक्ष्मी-परीवाह-चलन्मीनाभ-लोचना

अर्थ: "वह जिनके नेत्र चलते हुए मीन (मछली) के समान हैं, जो मुख की शोभा रूपी लक्ष्मी के प्रवाह के समान हैं"

मुख, भौंहों और नेत्रों का प्रतीकवाद और दिव्य संबंध

यह खंड ललिता देवी के चेहरे की विशेषताओं के प्रतीकात्मक अर्थ की पड़ताल करता है।

मुख, भौंहें और नेत्र: यह श्लोक ललिता देवी के मुख, भौंहों और नेत्रों की सुंदरता का वर्णन करता है। मुख की तुलना कामदेव के घर से की गई है जो सबके लिए प्रेम का प्रतिनिधित्व करता है। यह प्रेममय और प्रसन्न मुख को दर्शाता है। उनकी भौंहें सुख के घर के द्वार पर कामदेव की शुभ माला के समान हैं। इसका अर्थ है कि वह हर उस व्यक्ति को सुख प्रदान करती हैं जो उसकी शरण मांगता है। उनकी आँखें धन की देवी के कुंड में चलती हुई मछली के समान हैं। इसका अर्थ है कि उनकी आँखें जीवन और सौंदर्य से परिपूर्ण हैं। उनकी आँखों की मात्र एक झलक ही सुख प्रदान करती है।

आकर्षण के नियम से संबंध

आकर्षण के नियम के समानांतर चित्रण:

प्रेम और सुख: ललिता देवी की भौंहों को सुख के घर के द्वार पर कामदेव की शुभ माला के समान वर्णित करना एक अनुस्मारक के रूप में व्याख्यायित किया जा सकता है कि हमें प्रेम और सुख प्राप्त करने के लिए अपने जीवन में प्रेम और सुख पर ध्यान केंद्रित करना चाहिए।

जीवन और सौंदर्य: उनकी आँखों को चलती हुई मछली के समान वर्णित करना एक अनुस्मारक के रूप में व्याख्यायित किया जा सकता है कि हमें जीवन की सुंदरता की सराहना करनी चाहिए और यह केंद्रित ध्यान और दृश्य को भी दर्शाता है। यह बताता है कि दिव्य की कृपा हमें सब कुछ प्रदान कर सकती है।

निष्कर्ष

यह व्याख्या आध्यात्मिक और भौतिक पूर्ति प्राप्त करने में प्रेम, सुख, केंद्रित ध्यान, दिव्य कृपा और दृश्य की शक्ति के प्रतीकात्मक प्रतिनिधित्व के रूप में ललिता देवी के चेहरे की विशेषताओं का उपयोग करती है।

श्लोक 7

नवचम्पक–पुष्पाभ–नासादण्ड–विराजिता ।
ताराकान्ति–तिरस्कारि–नासाभरण–भासुरा ॥ 7 ॥

नवचम्पक–पुष्पाभ–नासादण्ड–विराजिता

अर्थ: "जिसकी नाक नए चम्पा के फूल के समान है, और नथ से सुशोभित है"

ताराकान्ति–तिरस्कारि–नासाभरण–भासुरा

अर्थ: "जिनका नाक का आभूषण तारों की कांति को भी तिरस्कृत करने वाला है, जो उनकी शक्ति और तेजस्विता का प्रतीक है"

नासिका और नासिका आभूषण का प्रतीकवाद और दिव्य संबंध

यह खंड देवी की नासिका और नासिका आभूषण पर केंद्रित है, जो छिपे हुए अर्थ प्रदान करता है।

नासिका: शुद्ध सुगंध वाले चम्पा के फूल की कली के समान, यह आध्यात्मिक विकास के लिए सकारात्मक प्रभावों को खोजने और ग्रहण करने का महत्व बताता है। जिस प्रकार नाक से हम सांस लेते हैं और जीवन शक्ति को अंदर खींचते हैं, उसी प्रकार हमें अच्छे कर्मों द्वारा अपनी आत्मा का पोषण करना चाहिए और नकारात्मकता से बचना चाहिए, भले ही वह आकर्षक लगे। तंत्र के अनुसार, चम्पा के फूलों से भरे बगीचे जैसी पुष्प वाटिकाएं अपनी सकारात्मक ऊर्जा के कारण आध्यात्मिक अभ्यास के लिए अनुकूल होती हैं।

नासिका आभूषण: तारों से भी अधिक चमकदार बताया गया है, जो ज्योतिषीय प्रभावों से जुड़ी नकारात्मकता को दूर करने की अपनी क्षमता का सुझाव देता है।

आकर्षण के नियम से संबंध

आकर्षण के नियम के समानांतर चित्रण:

सकारात्मक विचार और कार्य: प्रकटीकरण के लिए केवल दृश्य ही पर्याप्त नहीं है। हमारी इंद्रियाँ एक भूमिका निभाती हैं, सुखद गंध (चम्पा के फूल) जैसे सकारात्मक अनुभव सकारात्मक विकल्पों को प्रोत्साहित करते हैं।

नकारात्मकता को अस्वीकार करना: पाठ नकारात्मक विचारों को अस्वीकार करने और सकारात्मक विचारों को अपनाने पर जोर देता है, ठीक उसी तरह जैसे प्रकटीकरण और विभिन्न श्वास तकनीकों के दौरान अच्छी सांस लेना और बुरी सांस छोड़ना।

गहरा ध्यान: ध्यान को सकारात्मक ऊर्जा का अनुभव करने और नकारात्मक कार्यों को नियंत्रित करने की क्षमता विकसित करने के तरीके के रूप में सुझाया गया है।

निष्कर्ष

इस श्लोक को एक अनुस्मारक के रूप में व्याख्यायित किया जा सकता है कि हमें हमेशा सुंदर और शुद्ध बनने का प्रयास करना चाहिए, अपने शारीरिक स्वरूप और अपने विचारों और कार्यों दोनों में सकारात्मक विकल्पों को प्रोत्साहित करके। हमें अपने आस-पास सकारात्मक वातावरण बनाना चाहिए। हमें ललिता देवी की तरह तेजस्वी और शक्तिशाली बनने का भी प्रयास करना चाहिए।

यह श्लोक विशेष रूप से योगिक श्वास क्रियाओं के संदर्भ में महत्वपूर्ण गूढ़ अर्थ रखता है। विज्ञान भैरव तंत्र और शिव स्वरोदय प्राथमिक ग्रंथ हैं जो इस ज्ञान का पता लगाते हैं। पहले वर्णित प्रकटीकरण के विस्तृत चरण भौतिकीकरण की एक विशिष्ट तकनीक के अनुरूप हैं।

श्लोक 8

कदम्बमञ्जरी–क्लृप्त–कर्णपूर–मनोहरा ।
ताटङ्क–युगली–भूत–तपनोडुप–मण्डला ॥ 8 ॥

कदम्बमञ्जरी–क्लृप्त–कर्णपूर–मनोहरा

अर्थ: "जिनके कान कदम्ब के फूलों के गुच्छों से सजे हैं, जो चंद्रमा से भी अधिक मनोहर हैं"

ताटङ्क–युगली–भूत–तपनोडुप–मण्डला

अर्थ: "जिनके सूर्य और चंद्रमा के चक्र से बने झुमके अज्ञान के अंधकार को नष्ट करते हैं"

दिव्यता का प्रस्फुटन: कदम्ब के फूल और दिव्य कुंडल

यह खंड देवी के कानों, कदम्ब के फूलों और कुण्डलों पर केंद्रित है, जो छिपे हुए अर्थ प्रदान करता है।

कदम्ब के फूलों से सजे कान: ललिता देवी अपने कानों पर कदम्ब के फूल धारण करती हैं, जो अपनी सुगंधित खुशबू के लिए जाने जाते हैं। ये प्रकटीकरण के दौरान सकारात्मक ऊर्जा के प्रति समर्पण का प्रतीक हैं। इस श्लोक को एक अनुस्मारक के रूप में व्याख्यायित किया जा सकता है कि हमें हमेशा अपने शारीरिक स्वरूप और अपने विचारों और कार्यों दोनों में सुंदर और शुद्ध बनने का प्रयास करना चाहिए। यह यह भी दर्शाता है कि हमें अपने आस–पास एक शांतिपूर्ण वातावरण बनाना और खोजना चाहिए। हमें दिव्य मंत्रों और शब्दों को सुनना चाहिए।

कुंडल: ये ब्रह्मांड पर ललिता देवी के नियंत्रण का प्रतीक हैं, क्योंकि सूर्य और चंद्रमा जीवन चक्र को नियंत्रित करते हैं। यह श्लोक कुंडलिनी जागरण में इडा (चंद्र नाड़ी), पिंगला (सूर्य नाड़ी) और सुषुम्ना नाड़ियों (सूक्ष्म ऊर्जा चैनल) के सक्रियण का संकेत देता है, जो आध्यात्मिक विकास के लिए एक तांत्रिक अभ्यास है। थोप्पु करनम जैसे अभ्यासों से, हम अपनी नाड़ियों को भी शुद्ध कर सकते हैं।

आकर्षण के नियम से संबंध

आकर्षण के नियम के समानांतर चित्रण:

समर्पण और सकारात्मकता: प्रकटीकरण के लिए नकारात्मकता से पीछे हटने और दिव्य ऊर्जा के प्रति समर्पण की आवश्यकता होती है, ठीक उसी तरह जैसे कदम्ब के फूलों की सकारात्मक सुगंध का अनुभव करना। कदम्ब के उपवनों का निवास दर्शाता है कि हर किसी को सकारात्मक वातावरण बनाना और खोजना चाहिए और नकारात्मक विचारों को अस्वीकार करते हुए दिव्य शब्दों, सकारात्मक विचारों पर ध्यान देना चाहिए।

चेतना और विश्राम: थोप्पु करनम (सुपर ब्रेन योगा) जैसे अभ्यास प्रकटीकरण के दौरान मन को शांत करने में मदद करते हैं, ठीक उसी तरह जैसे आकर्षण के नियम में उपयोग की जाने वाली विश्राम तकनीकें शांत प्रभाव डालती हैं

निष्कर्ष

यह श्लोक एक सुंदर और शक्तिशाली श्लोक है जो हमें ललिता देवी और उनकी दिव्य ऊर्जा से जुड़ने में मदद कर सकता है। इस श्लोक का जाप करके, हम अपनी सुंदरता और पवित्रता को बढ़ा सकते हैं, अज्ञान के अंधकार को दूर कर सकते हैं और ज्ञान प्राप्त कर सकते हैं।

श्लोक 9

पद्मराग–शिलादर्श–परिभावि–कपोलभूः ।
नवविद्रुम–बिम्बश्री–न्यक्कारि–रदनच्छदा ॥ 9 ॥

पद्मराग–शिलादर्श–परिभावि–कपोलभूः

अर्थ: "जिनके गाल पद्मराग मणि के दर्पण के समान चमक रहे हैं"

नवविद्रुम–बिम्बश्री–न्यक्कारि–रदनच्छदा

अर्थ: "जिनके होंठ नए मूंगे के बिम्ब फल के समान लाल हैं, जो उनके दांतों की सुंदर छतरी के समान हैं"

दिव्यता का प्रस्फुटन: गाल और होंठ

यह खंड देवी के गालों और होंठों पर केंद्रित है, जो छिपे हुए अर्थ प्रदान करता है।

गाल: यह ललिता देवी के गालों की सुंदरता का वर्णन करता है। उनके गालों की तुलना लाल पद्मराग रत्न से की गई है, जो उनकी चमक और सुंदरता का प्रतीक है। उन्हें लाल/गुलाबी रंग का बताया गया है, जो जीवंतता और प्रेम का प्रतीक है। यह उनके जीवंत रंग पर ध्यान केंद्रित करने और स्वयं की जीवन शक्ति को बढ़ाने का सुझाव देता है।

होंठ: यह भी देवी ललिता के सौंदर्य का वर्णन है, जिसमें उनके होंठों की लालिमा और सुंदरता नए मूंगे और बिम्ब फल की चमक को भी फीका कर देने वाली बताई गई है। उनके लाल रंग पर ध्यान करने से व्यक्ति के भाषण की शक्ति और सुंदरता बढ़ती है, ऐसा माना जाता है।

आकर्षण के नियम से संबंध

आकर्षण के नियम के समानांतर चित्रण:

सुख और सफलता: आकर्षण के नियम के अनुसार, सकारात्मक, खुशहाल मानसिकता (लाल गालों द्वारा दर्शाया गया) बनाए रखना प्रकटीकरण के लिए महत्वपूर्ण है। सुख भौतिक पूर्ति से नहीं आता है; आत्म-प्रेम, दूसरों के लिए प्रेम, जीवंतता इसे प्राप्त करने की नींव है।

भाषण और जागरूकता: हमारी वाणी और संचार शैली हमारी इच्छाओं को प्रकट करने में महत्वपूर्ण भूमिका निभाती है। यह श्लोक सकारात्मक, सचेत भाषा का उपयोग करने के महत्व पर जोर देता है, ठीक उसी तरह जैसे ललिता देवी के होंठों पर ध्यान करने से भाषण में वृद्धि होती है।

निष्कर्ष

यह श्लोक खूबसूरती से ललिता देवी की विशेषताओं का वर्णन करता है, जबकि सकारात्मक ऊर्जा, आकर्षक गुणों और सचेत संचार के विषयों के माध्यम से आकर्षण के नियम से सूक्ष्म संबंध प्रदान करता है।

श्लोक 10

शुद्ध-विद्याङ्कुराकार-द्विजपङ्क्ति-द्वयोज्ज्वला ।
कर्पूर-वीटिकामोद-समाकर्षि-दिगन्तरा ॥ 10 ॥

शुद्ध-विद्याङ्कुराकार-द्विजपङ्क्ति-द्वयोज्ज्वला

अर्थ: "जिनके दाँत शुद्ध सफेद अंकुरों के आकार की दो पंक्तियों के समान चमक रहे हैं"

कर्पूर-वीटिकामोद-समाकर्षि-दिगन्तरा

अर्थ: "जिनकी श्वास कपूर के समान सुगंधित है, जो सभी दिशाओं को आकर्षित करती है"

दिव्यता का प्रस्फुटन: दांत और श्वास

यह खंड देवी के दांतों और उनकी श्वास पर केंद्रित है, जो छिपे हुए अर्थ प्रदान करता है।

दांत: यह सुझाव देता है कि भक्त शुद्ध-विद्या के माध्यम से अपने विचारों और वाणी को शुद्ध करने का प्रयास करता है। दांतों को मंत्र ध्वनियों के रूप में ध्यान करने से, पिछले नकारात्मक प्रभाव ("संस्कार") भंग हो जाते हैं, ऐसा माना जाता है, जिससे ज्ञान और मोक्ष प्राप्त होता है।

श्वास: कपूर पूरी तरह से जलकर एक सुखद सुगंध छोड़ जाता है, जो तीनों गुणों (राजस, तमस और सत्व) के पूर्ण विघटन का प्रतीक है, जिससे दिव्य प्रकाश और सुगंध का अनुभव होता है। सुगंध भक्तों को आकर्षित करने का एक साधन

भी हो सकता है। ज्ञानी जन भक्ति के माध्यम से आकर्षित होते हैं, जबकि अज्ञानी जन प्रारंभिक आकर्षण से आकर्षित होते हैं।

आकर्षण के नियम से संबंध

आकर्षण के नियम के समानांतर चित्रण:

शब्दों की शक्ति: मंत्र, सकारात्मक कथन और सकारात्मक विचार आकर्षण के नियम में हमारे कंपन को बदलने और वांछित परिणामों को आकर्षित करने के लिए उपयोग किए जाने वाले उपकरण हैं। यह शुद्ध–विद्या अभ्यास से जुड़ता है जो चेतना को उन्नत करने के लिए ध्वनियों का उपयोग करता है।

नई शुरुआत को अपनाएं: यह दिव्य ऊर्जा हमारे भीतर निवास करती है, जो नकारात्मकता के चरम पर पहुंचने पर हमारे जीवन का मार्गदर्शन और परिवर्तन करती है। यह अज्ञानी पुरुषों को आकर्षित करती है। ज्ञानी पहले से ही जानते हैं कि इस ऊर्जा का कैसे आह्वान करना है। जब नकारात्मक ऊर्जा एक निश्चित स्तर पर पहुँचती है, तो आकर्षण का नियम बताता है कि हमारा आंतरिक मार्गदर्शन सकारात्मक परिवर्तन शुरू करने के लिए कार्यभार संभालता है। व्यक्तियों द्वारा चुनौतियों पर काबू पाने और महत्वपूर्ण सकारात्मक परिवर्तन का अनुभव करने के कई उदाहरण मौजूद हैं। यह हमारे भीतर की दिव्य ऊर्जा की अवधारणा के अनुरूप है जो अंधेरे की अवधि (नकारात्मक ऊर्जा) का अनुभव करने के बाद हमारा मार्गदर्शन करती है। इसके अलावा, कपूर की सुगंध ताजगी और नवीनीकरण से जुड़ी है। इस श्लोक को नई शुरुआत को अपनाने और नकारात्मकता को छोड़ने के अनुस्मारक के रूप में देखा जा सकता है, जो हमें अपनी इच्छाओं को अधिक आसानी से प्रकट करने में मदद कर सकता है।

निष्कर्ष

यह श्लोक ललिता देवी के दांतों और श्वास से जुड़ी पवित्रता और ताजगी को उजागर करता है, जबकि सकारात्मक गुणों, नई शुरुआत और नकारात्मकता को छोड़ने के विषयों के माध्यम से आकर्षण के नियम से संबंध प्रदान करता है।

श्लोक 11

निज-सल्लाप-माधुर्य-विनिर्भर्त्सित-कच्छपी ।
मन्दस्मित-प्रभापूर-मज्जत्कामेश-मानसा ॥ 11 ॥

निज-सल्लाप-माधुर्य-विनिर्भर्त्सित-कच्छपी

अर्थ: "जिनकी बातचीत की मधुरता सरस्वती की वीणा को भी लज्जित करती है"

मन्दस्मित-प्रभापूर-मज्जत्कामेश-मानसा

अर्थ: "जिनकी मंद मुस्कान की आभा में शिव का मन भी डूबा रहता है"

ललिता देवी की वाणी और मनमोहक मुस्कान की शक्ति

यह खंड देवी की वाणी और उनकी मुस्कान पर केंद्रित है, जो छिपे हुए अर्थ प्रदान करता है।

वाणी: यह वाणी की गुणवत्ता को संदर्भित करता है। सकारात्मक, पुष्टिदायक और प्रेमपूर्ण शब्द उच्च कंपन आवृत्ति पर गूंजते हैं, सकारात्मक अनुभवों को आकर्षित करते हैं। वर्णन – सरस्वती की वीणा को भी लज्जित करना – बोले गए शब्दों की असाधारण शक्ति का एक रूपक है। जिस प्रकार वीणा का संगीत मनमोहक होता है, उसी प्रकार शब्द भी जब सचेत रूप से और सकारात्मक रूप से उपयोग किए जाते हैं, तो मनमोहक होते हैं।

मुस्कान: मुस्कान एक शक्तिशाली भावनात्मक प्रकटीकरण है। एक कोमल और प्रेमपूर्ण मुस्कान उच्च कंपन आवृत्ति उत्सर्जित करती है, सकारात्मक ऊर्जा को

आकर्षित करती है। शिव को अक्सर भावनाओं से रहित चित्रित किया जाता है यह श्लोक वर्णन करता है कि कोमल मुस्कान में किसी को भी मोहित करने की शक्ति होती है – शिव को भी।

आकर्षण के नियम से संबंध

आकर्षण के नियम के समानांतर चित्रण:

कंपन और आवृत्ति: वाणी की मधुरता एक उच्च कंपन आवृत्ति के समान है। आकर्षण का नियम बताता है कि हम जिस पर ध्यान केंद्रित करते हैं, उसे हम आकर्षित करते हैं। इस प्रकार, मधुर और सकारात्मक शब्द उच्च आवृत्ति पर गूंजते हैं, सकारात्मक अनुभवों को आकर्षित करते हैं।

शब्दों के माध्यम से प्रकटीकरण: यह श्लोक बताता है कि शब्दों में वास्तविकता बनाने की शक्ति होती है। यह आकर्षण के नियम के सिद्धांत के अनुरूप है कि हमारे विचार और शब्द चीजें बन जाते हैं।

भावनात्मक कंपन: कोमल और मनमोहक मुस्कान सकारात्मक भावना का प्रतीक है। आकर्षण का नियम प्रकटीकरण में भावनाओं के महत्व पर जोर देता है। सकारात्मक भावनाएं हमारी कंपन आवृत्ति को बढ़ाती हैं, सकारात्मक अनुभवों और सकारात्मक परिणामों को आकर्षित करती हैं।

निष्कर्ष

यह श्लोक हमारी वास्तविकता बनाने में हमारे विचारों, शब्दों और भावनाओं के महत्व पर जोर देता है। वे आकर्षण के नियम के मूल सिद्धांतों के साथ पूरी तरह से मेल खाते हैं: कि समान समान को आकर्षित करता है, और हमारी कंपन आवृत्ति हमारे अनुभवों को निर्धारित करती है। सचेत रूप से अपने विचारों,

शब्दों और भावनाओं को चुनकर, हम प्रचुरता, खुशी और पूर्ति का जीवन प्रकट करने के लिए आकर्षण की शक्ति का उपयोग कर सकते हैं।

श्लोक 172

स्तोत्रप्रिया स्तुतिमती श्रुति-संस्तुत-वैभवा ।
मनस्विनी मानवती महेशी मङ्गलाकृतिः ॥ 172 ॥

स्तोत्रप्रिया

अर्थ: "जो स्तुति या प्रशंसा को पसंद करती हैं"

स्तुतिमती

अर्थ: "जो प्रशंसनीय है"

श्रुति-संस्तुत-वैभवा

अर्थ: "जिनकी महानता शास्त्रों में वर्णित है"

मनस्विनी

अर्थ: "मन को नियंत्रित करने वाली"

मानवती

अर्थ: "अत्यधिक सम्मानित"

महेशी मङ्गलाकृति

अर्थ: "महान देवी, शुभ रूप वाली"

कृतज्ञता का गूढ़ दृष्टिकोण

यह खंड हमारे जीवन की यात्रा में कृतज्ञता के महत्व पर केंद्रित है

समग्र अर्थ: जब हम श्लोक के सभी नामों को जोड़ते हैं, तो हमें देवी की एक ज्वलंत छवि मिलती है जो स्तुति और प्रशंसा को पसंद करती है, प्रशंसा के योग्य है और जिनकी महिमा शास्त्रों में गाई जाती है वह मन को नियंत्रित करती है, मन का सार और सर्वोच्च गरिमा रखती है। वह शिव की संगिनी, शुभ हैं। श्लोक में मन, पूर्व–तार्किक मन है जो हमारी कंडीशनिंग बनाता है, न कि बुद्धि।

गहरा महत्व: चाहे हम किसी भी शब्द का उपयोग करें – धन्यवाद, कृतज्ञता, प्रशंसा, या सराहना – इसका गूढ़ सार केवल आशीर्वादों को स्वीकार करने से परे है। यह एक परिवर्तनकारी आध्यात्मिक अभ्यास है जो हमें एक उच्च शक्ति से जोड़ता है, चाहे वह दिव्य हो या सार्वत्रिक, हमें अपने आस–पास के आशीर्वादों को देखने और ब्रह्मांड में अपना स्थान खोजने में मदद करता है

आकर्षण के नियम से संबंध

आकर्षण के नियम के समानांतर चित्रण:

दिव्य इच्छा के साथ संरेखण: कृतज्ञता हमें दिव्य योजना या ब्रह्मांडीय व्यवस्था के साथ संरेखित करती है। जब हम कृतज्ञता व्यक्त करते हैं, तो हम स्वीकार करते हैं कि जो कुछ भी होता है, सकारात्मक और नकारात्मक दोनों, एक बड़ी, परस्पर संबंधित संरचना का हिस्सा है

समर्पण: कृतज्ञता समर्पण का एक रूप हो सकती है, प्रतिरोध को छोड़ना और दिव्य ज्ञान पर भरोसा करना।

प्रचुरता की खेती: आकर्षण का नियम बताता है कि हम जिस पर ध्यान केंद्रित करते हैं, वह फैलता है। कृतज्ञता पर ध्यान केंद्रित करके, हम अपने जीवन में अधिक प्रचुरता को आकर्षित करते हैं, न केवल भौतिक रूप से बल्कि प्रेम, आनंद और शांति के संदर्भ में भी। कृतज्ञता हमारे दृष्टिकोण को कमी से प्रचुरता में बदल देती है, जिससे हम अपने जीवन में आशीर्वादों को देख पाते हैं, चाहे वे कितने भी छोटे क्यों न हों।

दिव्य के साथ संबंध को गहरा करना: कृतज्ञता दिव्य अनुग्रह का एक चैनल हो सकती है। जब हम कृतज्ञता व्यक्त करते हैं, तो हम ब्रह्मांड के आशीर्वादों को प्राप्त करने के लिए खुद को खोलते हैं। कृतज्ञता प्रार्थना या ध्यान का एक रूप हो सकती है। यह हमें एक उच्च शक्ति से जोड़ती है और शांति और सुकून की भावना पैदा कर सकती है।

नकारात्मक भावनाओं का रूपांतरण: कृतज्ञता क्रोध, भय और आक्रोश जैसी नकारात्मक भावनाओं का प्रतिकार कर सकती है। यह हमारा ध्यान उस चीज से हटाकर जो गलत है और जो सही है, उस पर केंद्रित करती है। कृतज्ञता शारीरिक और भावनात्मक रूप से, दोनों तरह से उपचार के लिए एक शक्तिशाली उपकरण हो सकती है। यह हमें नकारात्मक ऊर्जा को छोड़ने और सकारात्मक कंपन पैदा करने में मदद कर सकती है।

हमारी अंतर्संबद्धता के अनुस्मारक के रूप में सेवा करना: कृतज्ञता हमें सभी प्राणियों और ब्रह्मांड के साथ हमारी अंतर्संबद्धता की याद दिलाती है। यह एकता और करुणा की भावना को बढ़ावा देती है।

निष्कर्ष

यह श्लोक हमारी वास्तविकता बनाने में कृतज्ञता के महत्व पर जोर देता है। कृतज्ञता एक आध्यात्मिक अभ्यास है जो अधिक खुशी, शांति और पूर्ति की

ओर ले जा सकता है। कृतज्ञता की खेती करके, हम दिव्य के साथ अपने संबंध को गहरा कर सकते हैं, अपने जीवन में अधिक प्रचुरता को आकर्षित कर सकते हैं और ब्रह्मांड के साथ सद्भाव में रह सकते हैं।

ओर ले जा सकता है। कृतज्ञता की खेती करके, हम दिव्य के साथ अपने संबंध को गहरा कर सकते हैं, अपने जीवन में अधिक प्रचुरता को आकर्षित कर सकते हैं और ब्रह्मांड के साथ सद्भाव में रह सकते हैं।

अध्याय 3
भीतर का उपचार: चक्र ध्यान (श्लोक 38-40)

यह अध्याय आध्यात्मिक उपचार और चक्र ध्यान की अवधारणाओं का पता लगाता है, विशेष रूप से ललिता सहस्रनाम के श्लोक 38-40 और आंतरिक कल्याण और आत्म-साक्षात्कार को बढ़ावा देने में उनकी भूमिका पर ध्यान केंद्रित करता है।

चक्रों का परिचय:

ये श्लोक कुण्डलिनी का परिचय देते हैं, एक शक्तिशाली, निराकार ऊर्जा जो रीढ़ की हड्डी के आधार में निवास करती है, ऐसा माना जाता है। यह ध्यान और उपचार तकनीकों जैसे आध्यात्मिक अभ्यासों के माध्यम से जागृत होती है। यह आत्म-जागरूकता और कल्याण को बढ़ावा देने के लिए ध्यान और उपचार जैसे आध्यात्मिक अभ्यासों की क्षमता पर जोर देता है।

इसके बाद, ध्यान उन सात मुख्य चक्रों पर जाता है जो मानव शरीर में सबसे महत्वपूर्ण ऊर्जा केंद्र माने जाते हैं। हालाँकि, कई आध्यात्मिक परंपराओं में चक्रों का एक बड़ा जाल माना जाता है, लेकिन इस किताब में बताए गए सात चक्र सबसे ज़्यादा जाने जाते हैं और आपस में जुड़े हुए हैं। ये हमारे शरीर, भावनाओं और आत्मा पर असर डालते हैं।

यह समझना ज़रूरी है कि चक्रों का विचार, जिसमें छोटे और बहुत छोटे चक्रों की संख्या, जगह और काम शामिल हैं, मुश्किल है और अलग-अलग आध्यात्मिक मान्यताओं में अलग-अलग है। इस बारे में अभी भी चर्चा चल रही

है और चक्रों की पूरी प्रणाली को समझाने वाला कोई एक ऐसा नक्शा या परिभाषा नहीं है जिसे सब मानते हों।

ये श्लोक सात मुख्य चक्रों को समझने पर ध्यान केंद्रित करते हैं और आगे कुण्डलिनी शक्ति की यात्रा का वर्णन करते हैं, जो हमारे भीतर एक शक्तिशाली ऊर्जा है, क्योंकि यह जागृत होती है और सात चक्रों के माध्यम से ऊपर उठती है, जिससे आध्यात्मिक परिवर्तन होता है।

जागरण: कुण्डलिनी मूलाधार चक्र (आधार चक्र) से शुरू होती है, जो स्थिरता का प्रतीक है, और पहले गाँठ (ब्रह्मा ग्रंथि) को भेदती है जो अज्ञान से मुक्ति का प्रतिनिधित्व करती है। मूलाधार और स्वाधिष्ठान चक्र, दोनों मिलकर ब्रह्मा ग्रंथि का प्रतिनिधित्व करते हैं, ऐसा कहा जाता है।

ऊपर की ओर बढ़ना: यह मणिपूर चक्र (व्यक्तिगत शक्ति) तक उठती है और द्वैत/अहंकार (विष्णु ग्रंथि) को भंग करती है। मणिपूर और अनाहत चक्र, दोनों मिलकर विष्णु ग्रंथि का प्रतिनिधित्व करते हैं, ऐसा कहा जाता है।

स्पष्टता और परे: आज्ञा चक्र (तीसरी आँख) तक पहुँचने पर, कुण्डलिनी तीसरी गाँठ (रुद्र ग्रंथि) को भेदती है जिससे हमें वास्तविकता को स्पष्ट रूप से देखने की अनुमति मिलती है। विशुद्धि और आज्ञा चक्र, दोनों मिलकर रुद्र ग्रंथि का प्रतिनिधित्व करते हैं, ऐसा कहा जाता है।

आनंद और मिलन: अंत में, यह मुकुट चक्र (सहस्रार) तक पहुँचती है, जो ज्ञान का प्रतीक है, और "अमृत" की वर्षा करती है जो आध्यात्मिक अनुभव के अंतिम लक्ष्य का प्रतिनिधित्व करती है – उपचार, पूर्ण मिलन और आत्म-साक्षात्कार।

श्लोक 38

मूलाधारैक-निलया ब्रह्मग्रन्थि-विभेदिनी ।
मणि-पूरान्तरुदिता विष्णुग्रन्थि-विभेदिनी ॥ 38 ॥

मूलाधारैक-निलया

अर्थ: "जो मूलाधार चक्र में निवास करती है"

व्याख्या: कुण्डलिनी शक्ति मूलाधार चक्र में निवास करती है, जो रीढ़ की हड्डी के आधार पर स्थित है। यह चक्र पृथ्वी तत्व से जुड़ा है और स्थिरता, सुरक्षा और ग्राउंडिंग का प्रतिनिधित्व करता है।

ब्रह्मग्रन्थि-विभेदिनी

अर्थ: "जो ब्रह्मा की ग्रंथि (गाँठ) को भेदती है"

व्याख्या: ब्रह्मा की ग्रंथि दिव्य से अलगाव के भ्रम का प्रतीक है। यह विश्वास है कि व्यक्तिगत आत्मा सर्वोच्च वास्तविकता से अलग है। 'ब्रह्म की ग्रंथि का विनाश" व्यक्तिगत आत्मा के सर्वोच्च वास्तविकता के साथ एकत्व की अनुभूति को संदर्भित करता है। मूलाधार और स्वाधिष्ठान चक्र, दोनों मिलकर ब्रह्म ग्रंथि का प्रतिनिधित्व करते हैं, ऐसा कहा जाता है।

मणि-पूरान्तरुदिता

अर्थ: "जो मणिपूर चक्र में उदित होती है"

व्याख्या: कुण्डलिनी शक्ति तब मणिपूर चक्र में उठती है, जो नाभि क्षेत्र में स्थित है। यह चक्र अग्नि तत्व से जुड़ा है और व्यक्तिगत शक्ति, इच्छाशक्ति और परिवर्तन का प्रतिनिधित्व करता है।

विष्णुग्रन्थि–विभेदिनी

अर्थ: "जो विष्णु की ग्रंथि (गाँठ) को भेदती है"

व्याख्या: जो नाभि चक्र के भीतर उठती है, वह विष्णु की गाँठ को भेदने वाली है। कुण्डलिनी शक्ति तब विष्णु ग्रंथि को भेदती है, जो द्वैत की एक गाँठ है। विष्णु की गाँठ अहंकार के प्रति लगाव का भी प्रतिनिधित्व करती है। यह गाँठ मणिपूर चक्र में स्थित है। मणिपूर और अनाहत चक्र, दोनों मिलकर विष्णु ग्रंथि का प्रतिनिधित्व करते हैं, ऐसा कहा जाता है।

समग्र व्याख्या:

यह श्लोक कुण्डलिनी ऊर्जा का वर्णन कर रहा है, जो एक शक्तिशाली परिवर्तनकारी शक्ति है जो रीढ़ की हड्डी के आधार में निवास करती है। जब यह जागृत होती है, तो यह रीढ़ के माध्यम से ऊपर उठती है, शरीर में सात चक्रों, या ऊर्जा केंद्रों को भेदती है। जैसे-जैसे यह ऊपर उठती है, यह उन गांठों को विलीन कर देती है जो हमें हमारी निचली प्रकृति से बांधती हैं, जिससे हमें चेतना की उच्च अवस्थाओं का अनुभव होता है।

श्लोक की दो पंक्तियाँ विशेष रूप से दो चक्रों, मूलाधार और मणिपूर का उल्लेख करती हैं। मूलाधार चक्र भौतिक शरीर और अस्तित्व की मूल प्रवृत्ति से जुड़ा है। मणिपूर चक्र अहंकार और व्यक्तिगत शक्ति की भावना से जुड़ा है।

जब कुण्डलिनी मूलाधार चक्र को भेदती है, तो यह हमें भौतिक दुनिया के प्रति हमारे लगाव से मुक्त करती है और हमें अपनी सच्ची प्रकृति के साथ संबंध की गहरी भावना का अनुभव करने की अनुमति देती है। जब यह मणिपूर चक्र को भेदती है, तो यह हमारे अहंकार को विलीन कर देती है और हमें स्वयं की अधिक संतुलित और करुणामय भावना विकसित करने में मदद करती है।

कुण्डलिनी ऊर्जा एक शक्तिशाली शक्ति है जो हमारे जीवन में गहरा परिवर्तन ला सकती है। यदि हम इसके साथ काम करने के लिए तैयार हैं, तो यह हमें अपनी पूरी क्षमता को जागृत करने और चेतना की उच्चतम अवस्थाओं का अनुभव करने में मदद कर सकती है।

श्लोक 39

आज्ञा–चक्रान्तरालस्था रुद्रग्रन्थि–विभेदिनी ।
सहस्त्राराम्बुजारूढा सुधा–साराभिवर्षिणी ॥ 39 ॥

आज्ञा–चक्रान्तरालस्था

अर्थ: "जो आज्ञा चक्रों के मध्य के स्थान में स्थित है"

व्याख्या: कुण्डलिनी शक्ति तब आज्ञा चक्र में जाती है, जो भौंहों के बीच स्थित है। यह चक्र प्रकाश तत्व से जुड़ा है और अंतर्ज्ञान, धारणा और मन की स्पष्टता का प्रतिनिधित्व करता है।

रुद्रग्रन्थि–विभेदिनी

अर्थ: "जो रुद्र की ग्रंथि (गाँठ) को भेदती है"

व्याख्या: कुण्डलिनी शक्ति तब रुद्र ग्रंथि को भेदती है, जो भ्रम की एक गाँठ है। यह गाँठ आज्ञा चक्र में स्थित है। विशुद्धि और आज्ञा चक्र, दोनों मिलकर रुद्र ग्रंथि का प्रतिनिधित्व करते हैं, ऐसा कहा जाता है।

सहस्त्राराम्बुजारूढा

अर्थ: "जो सहस्त्रार चक्र के कमल पर आरोहण करती है"

व्याख्या: कुण्डलिनी शक्ति तब सहस्त्रार चक्र में आरोहण करती है, जो सिर के मुकुट पर स्थित है। यह चक्र आत्मा तत्व से जुड़ा है और ज्ञान, ईश्वर के साथ मिलन और शुद्ध चेतना का प्रतिनिधित्व करता है।

सुधा–साराभिवर्षिणी

अर्थ: "जो अमृत का सार बरसाती है"

व्याख्या: कुण्डलिनी शक्ति अमृत का सार बरसाती है, जो कि उपचार, ज्ञान, ईश्वर से मिलन, और शुद्ध चेतना का आनंद है, और यही आध्यात्मिक विकास का परम लक्ष्य है।

समग्र व्याख्या:

इस श्लोक की दो पंक्तियाँ विशेष रूप से छठे और सातवें चक्रों, आज्ञा और सहस्रार का उल्लेख करती हैं। आज्ञा चक्र मन और भ्रम से परे देखने की क्षमता से जुड़ा है। सहस्रार चक्र शुद्ध चेतना और आध्यात्मिक ज्ञान से जुड़ा है।

जब कुण्डलिनी आज्ञा चक्र को भेदती है, तो यह हमारी तीसरी आँख खोलती है और हमें संसार को अधिक स्पष्टता और अंतर्दृष्टि के साथ देखने की अनुमति देती है। जब यह सहस्रार चक्र को भेदती है, तो हम दिव्य चेतना के साथ मिलन की परम अवस्था का अनुभव करते हैं। कुण्डलिनी शक्ति तब अमृत के सार की वर्षा करती है, जो उपचार, ज्ञान, ईश्वर के साथ मिलन और शुद्ध चेतना का आनंद है, जो आध्यात्मिक विकास का अंतिम लक्ष्य है।

श्लोक 40

तडिल्लता-समरुचि: षट्चक्रोपरि-संस्थिता।
महासक्ति: कुण्डलिनी बिसतन्तु-तनीयसी ॥ 40 ॥

तडिल्लता-समरुचि:

अर्थ: "जो बिजली के समान प्रकट होती है"

व्याख्या: कुंडलिनी शक्ति में बिजली के समान चमक होती है। यह उसकी शक्ति और परिवर्तनकारी क्षमता को दर्शाता है।

षट्चक्रोपरि-संस्थिता

अर्थ: "जो छह चक्रों के ऊपर स्थित है"

व्याख्या: कुंडलिनी शक्ति छह चक्रों के ऊपर स्थित है। यह दर्शाता है कि इसने भौतिक दुनिया की सीमाओं को पार कर लिया है और अब आत्मा के क्षेत्र में है।

महासक्ति: कुण्डलिनी

अर्थ: "जो महाशक्ति, कुण्डलिनी है"

व्याख्या: कुण्डलिनी शक्ति ही महाशक्ति है। कुण्डलिनी शक्ति, जो सृष्टि का सार और आध्यात्मिक विकास के पीछे प्रेरक शक्ति है, छह चक्रों को पार करती है। अब सहस्रार, मुकुट चक्र, शिव के चक्र में निवास करते हुए, यह दिव्य मिलन – परम आनंद की स्थिति का प्रतीक है।

बिसतन्तु-तनीयसी

अर्थ: "जो रेशे के तने के धागे के समान सूक्ष्म है"

व्याख्या: कुण्डलिनी शक्ति बिजली के धागे के समान सूक्ष्म है। यह उसकी नाजुक और मायावी प्रकृति को दर्शाती है।

समग्र व्याख्या:

यह श्लोक कुण्डलिनी ऊर्जा का वर्णन कर रहा है, जो एक शक्तिशाली परिवर्तनकारी शक्ति है जो रीढ़ की हड्डी के आधार में निवास करती है। कहा जाता है कि यह एक सर्प की तरह कुंडलित होती है और अक्सर इसे बिजली के बोल्ट के रूप में दर्शाया जाता है। श्लोक में यह भी उल्लेख है कि कुण्डलिनी छह चक्रों के ऊपर स्थित है, जो शरीर में ऊर्जा केंद्र हैं।

कुण्डलिनी ऊर्जा एक शक्तिशाली शक्ति है जो हमारे जीवन में गहरा परिवर्तन ला सकती है। यदि हम इसके साथ काम करने के लिए तैयार हैं, तो यह हमें अपनी पूरी क्षमता को जागृत करने और चेतना की उच्चतम अवस्थाओं का अनुभव करने में मदद कर सकती है। हालांकि, वह मायावी भी है, जिसके लिए बहुत अधिक समर्पण और आध्यात्मिक अभ्यास की आवश्यकता होती है।

ललिता देवी का कुण्डलिनी के रूप में वर्णन इस बात की याद दिलाता है कि हम सभी में अपनी आंतरिक शक्ति को जागृत करने की क्षमता है। उनके द्वारा हमें ज्ञानोदय की ओर ले जाने के वर्णन को इस बात की याद दिलाता है कि हम अपने दिव्य स्रोत से जुड़कर अपनी इच्छाओं को प्रकट कर सकते हैं।

श्लोकों 38, 39 और 40 की अतिरिक्त व्याख्या:

श्लोकों 38-40 को आध्यात्मिक ज्ञानोदय की प्रक्रिया के वर्णन के रूप में भी समझा जा सकता है श्लोकों 38 और 39 में वर्णित तीन ग्रंथियाँ उन तीन मुख्य बाधाओं का प्रतिनिधित्व करती हैं जिन्हें हमें आध्यात्मिक पथ पर पार करना होगा:

ब्रह्मा की ग्रंथि भौतिक दुनिया के प्रति आसक्ति का प्रतिनिधित्व करती है। विष्णु की ग्रंथि अहंकार के प्रति आसक्ति का प्रतिनिधित्व करती है। रुद्र की ग्रंथि मन के प्रति आसक्ति का प्रतिनिधित्व करती है।

जब हम इन ग्रंथियों को भेदते हैं, तो हम स्व की सीमाओं से मुक्त हो जाते हैं और वास्तविकता के सच्चे स्वरूप का अनुभव कर सकते हैं।

यह श्लोक आध्यात्मिक ज्ञानोदय के दो मुख्य फलों का भी वर्णन करते हैं:

सहस्रार चक्र से नीचे गिरने वाला अमृत दिव्य मिलन के आनंद का प्रतिनिधित्व करता है।

तीसरी आँख खुलने से आने वाला स्पष्ट दर्शन सच्ची समझ की बुद्धि का प्रतिनिधित्व करता है।

ये श्लोक आध्यात्मिक ज्ञानोदय की यात्रा का एक सुंदर और काव्यात्मक वर्णन हैं यह हमें याद दिलाता है कि मार्ग आसान नहीं है, लेकिन पुरस्कार बहुत बड़े हैं यदि हम प्रयास करने के ललिए तैयार हैं, तो हम परम सुख और तृप्ति की स्थिति का अनुभव कर सकते हैं

श्लोक 40 को दिव्य ऊर्जा के वर्णन के रूप में भी समझा जा सकता है। बिजली का बोल्ट शक्ति और परिवर्तन का प्रतीक है, और सर्प ज्ञान और चिकित्सा का प्रतीक है। यह श्लोक बताता है कि दिव्य ऊर्जा एक शक्तिशाली शक्ति है जो हमारे जीवन में परिवर्तन और चिकित्सा ला सकती है।

श्लोक 40 में यह भी उल्लेख है कि कुण्डलिनी छह चक्रों के ऊपर स्थित है। चक्र शरीर में ऊर्जा केंद्र हैं जो हमारे शारीरिक, भावनात्मक और आध्यात्मिक कल्याण के विभिन्न पहलुओं से जुड़े हैं। यह श्लोक बताता है कि दिव्य ऊर्जा, ऊर्जा और जीवन शक्ति का स्रोत है जो हमें अपने जीवन के सभी पहलुओं में संतुलन और सद्भाव प्राप्त करने में मदद कर सकती है।

"बिसतंतु" शब्द मानव शरीर में व्याप्त सूक्ष्म नसों के नेटवर्क को संदर्भित करता है। पाठ के अनुसार, इन नाड़ियों की संख्या 72,000 है और वे नम्र आंखों से दिखाई नहीं देती हैं। शरीर के 72,000 सूक्ष्म ऊर्जा चैनलों, या नाड़ियों में से, इड़ा, पिंगला और सुषुम्ना प्राथमिक हैं। इन तीनों नाड़ियों के प्रतिच्छेदन इन छंदों में वर्णित सात प्रमुख चक्रों के अनुरूप हैं।

जब साधक के भीतर शिव और शक्ति का मिलन होता है, तो फलस्वरूप आनंद की धारा को नाड़ियों के इस नेटवर्क के माध्यम से बहने के लिए माना जाता है।

इस प्रवाह को पूरे शरीर को भिगोने, अकथनीय आनंद की स्थिति लाने और चिकित्सा को बढ़ावा देने के रूप में वर्णित किया गया है।

अध्याय 4
चक्रों को सक्रिय करना: चक्र ध्यान प्रक्रिया का अनावरण

यह अध्याय चक्र ध्यान के रहस्यों को उजागर करता है, जो आपके ऊर्जा केंद्रों को समग्र उपचार के लिए सक्रिय करने के लिए चरण-दर-चरण मार्गदर्शिका प्रदान करता है।

आध्यात्मिक उपचार: भौतिक प्रकटीकरण से परे एक यात्रा

भले ही आत्म-देखभाल और सकारात्मक सोच के कुछ सिद्धांत भौतिक वस्तुओं को प्राप्त करने के लिए आकर्षण के नियम से मिलते-जुलते हों, यह समझना ज़रूरी है कि आध्यात्मिक उपचार में अधिक गहरा और संपूर्ण दृष्टिकोण अपनाया जाता है।

आध्यात्मिक उपचार के लिए मुख्य अभ्यास:

आत्म-प्रेम और स्वीकृति: आत्म-करुणा की नींव विकसित करना करना उपचार के लिए महत्वपूर्ण है।

वर्तमान क्षण में जीना: ध्यान हमें अतीत को छोड़ने और वर्तमान को अपनाने में मदद करता है, जिससे आंतरिक शांति बढ़ती है।

नकारात्मक भावनाओं का प्रबंधन: नकारात्मक भावनाओं को पहचानना और स्वीकार करना उन पर ध्यान केंद्रित किए बिना भावनात्मक भलाई के लिए आवश्यक है।

सकारात्मक सोच और नकारात्मक विश्वासों को बदलना: सीमित विश्वासों को चुनौती देते हुए एक आशावादी दृष्टिकोण विकसित करना व्यक्तिगत विकास को सशक्त बनाता है।

एक उच्च शक्ति में विश्वास और भरोसा: चाहे आध्यात्मिक हो या बस अपने भीतर की शक्ति में विश्वास, विश्वास आराम और समर्थन प्रदान कर सकता है।

स्वस्थ जीवनशैली: स्वस्थ जीवनशैली विकसित करना उपचार के लिए महत्वपूर्ण है।

चक्र ध्यान जैसे अभ्यासों में संलग्न होना: ये अभ्यास आंतरिक संतुलन और संरेखण की भावना पैदा कर सकते हैं, जो आध्यात्मिक कल्याण में योगदान करते हैं।

आध्यात्मिक ऊर्जा प्राप्त करने के लिए खुलापन: इसे जुड़ाव और आंतरिक शांति की गहरी भावना के प्रति ग्रहणशील होने की प्रक्रिया के रूप में देखा जा सकता है।

कृतज्ञता: उपचार प्रक्रिया के लिए आभार व्यक्त करना, चाहे प्रार्थनाओं, सकारात्मक कथन के माध्यम से, या बस प्रगति को स्वीकार करके, आपके संकल्प को मजबूत कर सकता है और अनुभव को बढ़ा सकता है।

चक्र ध्यान के लिए चरण–दर–चरण मार्गदर्शिका: परिवर्तन के लिए मंच तैयार करना

आरामदायक स्थिति में आएं:

एक शांत, निर्बाध स्थान खोजें, चाहे वह आपके घर का एक आरामदायक कमरा हो, एक शांत पार्क बेंच हो, या कहीं भी जो आपको पूरी तरह से आराम करने की अनुमति दे।

आराम से बैठें: ऐसी स्थिति चुनें जो विश्राम को बढ़ावा दे, साथ ही अच्छी मुद्रा बनाए रखे। आप फर्श या कुशन पर पालथी मारकर बैठ सकते हैं, घुटने टेक सकते हैं, या अपनी पीठ के बल आराम से लेट सकते हैं।

अपना इरादा तय करें: संक्षेप में अपनी ध्यान की अवधि के उद्देश्य को परिभाषित करें। यह किसी विशिष्ट चक्र पर ध्यान केंद्रित करना हो सकता है, किसी विशेष जीवन चुनौती का समाधान करना हो सकता है, या बस अपने सभी ऊर्जा केंद्रों में समग्र संतुलन और कल्याण प्राप्त करना हो सकता है।

यात्रा पर निकलना:

अपनी आँखें बंद करें और गहरी साँस लें: आराम से अपनी आँखें बंद करें और कुछ मिनट गहरी साँसें लें। अपनी साँस पर ध्यान केंद्रित करें, हर साँस के साथ अपनी छाती या पेट के ऊपर–नीचे होने को महसूस करें। यह आपके मन को शांत करके ध्यान के लिए तैयार करता है।

दिव्य सुरक्षा कवच: मानसिक रूप से देखें या कल्पना करें कि सफेद, सुनहरी या लाल दिव्य प्रकाश आपकी ओर आ रहा है और आप एक सुंदर, गर्म दिव्य प्रकाश से घिर रहे हैं। यह प्रकाश सिर्फ आपके शरीर के चारों ओर नहीं, बल्कि

कुछ फुट बाहर तक फैला हुआ है, एक सुरक्षा कवच बना रहा है। यह भी निश्चित रूप से कहें कि यह दिव्य प्रकाश आपको हर प्रकार के नुकसान, खतरे, दुर्घटनाओं, नकारात्मक ऊर्जाओं और मानसिक हमलों से बचा रहा है। यह आपके अस्तित्व के हर पहलू में, कम से कम चौबीस घंटे के लिए आपकी रक्षा करेगा।

प्रत्येक चक्र से जुड़ना: अब, अपनी रीढ़ के आधार से ऊपर की ओर बढ़ते हुए, प्रत्येक चक्र पर ध्यान केंद्रित करें:

मूलाधार चक्र (लाल): कल्पना करें कि आपके शरीर से जड़ें बढ़ रही हैं, जो आपको पृथ्वी पर मजबूती से समर्थन कर रही हैं। जब आप गहरी सांस लेते हैं तो लाल रंग की कल्पना करें। सांस को रोकें। इस चक्र की कल्पना करें, जो आपकी रीढ़ के आधार पर स्थित है, एक लाल कमल के फूल या घूमती डिस्क के रूप में। मूल चक्र में प्रवेश करने वाले जीवंत, उपचार प्रकाश की कल्पना करें। आप चुपचाप या जोर से "मैं सुरक्षित और स्थिर हूँ" जैसे सकारात्मक कथन कह सकते हैं और फिर सांस छोड़ सकते हैं। आप इस अभ्यास को 5–11 बार या अधिक बार दोहरा सकते हैं।

स्वाधिष्ठान चक्र (नारंगी): अपना ध्यान नाभि के नीचे, स्वाधिष्ठान चक्र के स्थान पर ले जाएं, जो रचनात्मकता और भावनाओं से जुड़ा है। गहरी सांस लें, सांस रोकें – नारंगी रंग की कल्पना करें और "मैं रचनात्मक हूं और जीवन के साथ बहता/बहती हूँ" जैसे सकारात्मक कथन कहें और फिर सांस छोड़ें। आप इस अभ्यास को 5–11 बार या अधिक बार दोहरा सकते हैं।

मणिपूर चक्र (पीला): ऊपर की ओर ऊपरी पेट तक जारी रखें, जहाँ मणिपूर चक्र रहता है, जो व्यक्तिगत शक्ति और आत्मविश्वास को नियंत्रित करता है। गहरी सांस लें, सांस रोकें – पीले रंग की कल्पना करें और "मैं मजबूत और

आत्मविश्वास से भरा/भरी हूँ" जैसे सकारात्मक कथन कहें और फिर सांस छोड़ें। आप इस अभ्यास को 5–11 बार या अधिक बार दोहरा सकते हैं।

अनाहत चक्र (हरा): अपनी छाती के केंद्र में हृदय चक्र का पता लगाएँ, जो प्रेम और करुणा से जुड़ा है। गहरी सांस लें, सांस रोकें – हरे रंग की कल्पना करें और "मैं प्यार करता/करती हूँ और मुझे प्यार मिलता है" जैसे सकारात्मक कथन कहें और फिर सांस छोड़ें। आप इस अभ्यास को 5–11 बार या अधिक बार दोहरा सकते हैं।

विशुद्धि चक्र (नीला): गले तक जाएँ, जहाँ गला चक्र रहता है, जो संचार और आत्म– प्रकटीकरण को नियंत्रित करता है। गहरी सांस लें, सांस रोकें – नीले रंग की कल्पना करें और "मैं अपनी सच्चाई स्पष्टता से बोलता/बोलती हूँ" जैसे सकारात्मक कथन को दोहराएं और फिर सांस छोड़ें। आप इस अभ्यास को 5–11 बार या अधिक बार दोहरा सकते हैं।

आज्ञा चक्र (इंडिगो): अपनी भौंहों के बीच तृतीय नेत्र चक्र तक जाएँ, जो अंतर्ज्ञान और ज्ञान से जुड़ा है। गहरी सांस लें, सांस रोकें – इंडिगो रंग की कल्पना करें और "मैं स्पष्ट रूप से देखता/देखती हूँ और अपने अंतर्ज्ञान पर भरोसाकरता/करती हूँ" जैसे सकारात्मक कथन कहें और फिर सांस छोड़ें। आप इस अभ्यास को 5–11 बार या अधिक बार दोहरा सकते हैं।

सहस्रार चक्र (बैंगनी): अंत में, अपने सिर के शीर्ष पर पहुँचें, जहाँ सहस्रार चक्र रहता है, जो आध्यात्मिक संबंध और ज्ञान से जुड़ा है। गहरी सांस लें, सांस रोकें – बैंगनी रंग की कल्पना करें और "मैं ब्रह्मांड से जुड़ा/जुड़ी हूँ" जैसे सकारात्मक कथन कहें और फिर सांस छोड़ें। आप इस अभ्यास को 5–11 बार या अधिक बार दोहरा सकते हैं।

अमृत की वर्षा: दिव्य अमृत की वर्षा की कल्पना/दृश्य करें, जो आपको पूरी तरह से स्नान करा रही है। इसे अपनी नसों और हर कोशिका से बहते हुए महसूस करें, जो आपके पूरे अस्तित्व में व्याप्त है। यह आनंदमय वर्षा उपचार, ज्ञान, दिव्य के साथ एकत्व की भावना और शुद्ध चेतना लाती है।

यात्रा को एकीकृत करना:

चक्रों को संतुलित करना: एक बार जब आप प्रत्येक चक्र के लिए दृश्यीकरण/कल्पना पूरी कर लेते हैं, तो गहरी सांस लें, कल्पना करें कि वे एक साथ दक्षिणावर्त घूम रहे हैं, जो आपके पूरे सिस्टम में संतुलित ऊर्जा प्रवाह का प्रतीक है और फिर सांस छोड़ें।

धीरे से वापस आना: अनुभव को एकीकृत करने के लिए कुछ पल शांत रहें। जब आप तैयार महसूस करें तो धीरे-धीरे अपनी आँखें खोलें और धीरे से अपनी उंगलियों और पैर की उंगलियों को हिलाएं।

याद रखें:

ध्यान के दौरान आपके मन का भटकना सामान्य है। धीरे से अपनी एकाग्रता को वर्तमान क्षण और अपनी सांस पर वापस लाएँ।

अपने अभ्यास के प्रति धैर्यवान और निरंतर रहें। नियमित ध्यान समय के साथ गहरे लाभ ला सकता है।

अपनी समझ और अनुभव को बढ़ाने के लिए विभिन्न संसाधनों का अन्वेषण करें, जैसे कि निर्देशित ध्यान और प्रत्येक चक्र के बारे में जानकारी, उनके मंत्र यदि आप चाहें तो। मंत्रों का उपयोग करना, रंगों का दृश्य/कल्पना वैकल्पिक है। ये विशुद्ध रूप से ध्यान और एकाग्रता को बढ़ावा देने के लिए हैं। इरादा ही कुंजी है।

ललिता सहस्रनाम आगे श्लोक 98–110 में चक्रों का वर्णन देता है, और इस पुस्तक में दी गई निर्देशित ध्यान प्रक्रिया में आम तौर पर स्वीकृत चक्र ध्यान प्रथाओं के आधार पर चक्र बिंदुओं और रंगों को शामिल किया गया है। यह ध्यान रखना महत्वपूर्ण है कि ललिता सहस्रनाम स्वयं चक्रों के बिंदुओं और रंगों का उल्लेख नहीं करता है।

जबकि दिव्य ऊर्जा दृश्य/कल्पना को अपने अभ्यास का हिस्सा बनाना जा सकता है, यह याद रखना महत्वपूर्ण है कि चक्र ध्यान चिकित्सा उपचार का विकल्प नहीं है। हमेशा अपनी डॉक्टर की बताई दवाओं का पालन करें और जरूरत पड़ने पर पेशेवर चिकित्सा सलाह लें। डॉक्टर दिव्य ऊर्जा द्वारा भेजे गए व्यक्ति हैं जो हमारी सहायता करते हैं।

अतिरिक्त सुझाव:

अपने चक्र ध्यान अभ्यास को गहरा बनाना

यहाँ कुछ अतिरिक्त सुझाव दिए गए हैं जो आपके चक्र ध्यान के अनुभव को बढ़ा सकते हैं:

भटकते मन को अपनाएँ: ध्यान के दौरान आपके विचारों का भटकना स्वाभाविक है। निराश न हों! व्याकुलता को धीरे से स्वीकार करें और फिर अपनी एकाग्रता को अपनी सांस या वर्तमान क्षण पर वापस लाएँ। यह अभ्यास समय के साथ आपके ध्यान और सचेतनता को मजबूत करता है।

धैर्य और निरंतरता पैदा करें: किसी भी कौशल की तरह, चक्र ध्यान में महारत हासिल करने में समय और समर्पण लगता है। अपने आप के प्रति धैर्य रखें, और नियमित अभ्यास के लिए प्रयास करें। यहां तक कि छोटे, निरंतर सत्र भी लंबे समय में महत्वपूर्ण लाभ ला सकते हैं।

संसाधनों की प्रचुरता का पता लगाएँ: चक्र ध्यान की दुनिया में और गहराई से जाएँ! कई ऑनलाइन संसाधन और पुस्तकालय निर्देशित ध्यान, प्रत्येक चक्र के बारे में विस्तृत जानकारी और आपके अभ्यास और समझ को समृद्ध करने के लिए अन्य ज्ञान प्रदान करते हैं।

चक्र ध्यान के लाभ:

शारीरिक स्वास्थ्य

तनाव में कमी: विश्राम और सचेतनता को बढ़ावा देकर, चक्र ध्यान तनाव हार्मोन को कम करने में मदद कर सकता है, संभावित रूप से बेहतर नींद, पाचन और समग्र मानसिक और शारीरिक स्वास्थ्य में सुधार हो सकता है।

ऊर्जा के स्तर में वृद्धि: अपने चक्रों को संतुलित करने से शरीर के भीतर ऊर्जा प्रवाह में सुधार हो सकता है, जिससे जीवन शक्ति में वृद्धि और कल्याण की भावना पैदा हो सकती है।

दर्द प्रबंधन: अध्ययनों से पता चलता है कि चक्र ध्यान सहित ध्यान अभ्यास, दर्द के भावनात्मक प्रभाव को कम करके और मुकाबला करने के तंत्र में सुधार करके पुराने दर्द के प्रबंधन में मदद कर सकते हैं।

मानसिक और भावनात्मक भलाई

ध्यान और एकाग्रता में वृद्धि: ध्यान के दौरान दृश्य/कल्पना और सकारात्मक कथनों या मंत्रों पर ध्यान केंद्रित करने से आपका ध्यान तेज हो सकता है और अभ्यास में और दैनिक जीवन में, दोनों में एकाग्रता करने की आपकी क्षमता में सुधार हो सकता है।

चिंता और अवसाद में कमी: विश्राम को बढ़ावा देने और सकारात्मक भावनाओं को बढ़ावा देने से, चक्र ध्यान चिंता और अवसाद के लक्षणों के प्रबंधन में योगदान कर सकता है।

अधिक आत्म-जागरूकता: ध्यान के दौरान अपने विचारों और भावनाओं पर ध्यान देने से आपकी आत्म-जागरूकता बढ़ सकती है, जिससे आप अपनी आंतरिक दुनिया और भावनात्मक पैटर्न को बेहतर ढंग से समझ सकते हैं।

बेहतर भावनात्मक विनियमन: ध्यान में प्राप्त सचेतनता और आत्म-जागरूकता के माध्यम से, आप अपनी भावनाओं का प्रबंधन करने और जीवन की चुनौतियों का अधिक शांति और लचीलापन के साथ जवाब देने के लिए स्वस्थ तरीके विकसित कर सकते हैं।

स्वयं से गहरा संबंध: विभिन्न चक्रों पर ध्यान केंद्रित करना, जो आपके अस्तित्व के विभिन्न पहलुओं का प्रतिनिधित्व करते हैं, आपके प्रामाणिक स्व और आंतरिक शांति की भावना से गहरे संबंध को बढ़ावा दे सकता है।

आध्यात्मिक जागरण: कुछ चिकित्सकों का मानना है कि चक्र ध्यान सुप्त ऊर्जाओं को जगाने और चेतना के उच्च स्तरों से जुड़ने में मदद करके आध्यात्मिक विकास को सुगम बना सकता है।

यह याद रखना महत्वपूर्ण है कि ये संभावित लाभ हैं, और व्यक्तिगत अनुभव भिन्न हो सकते हैं। जबकि कुछ अध्ययन ऊपर सूचीबद्ध दावों का समर्थन करते हैं, चक्र ध्यान पर शोध अभी भी जारी है। चक्र ध्यान के पूर्ण संभावित लाभों का अनुभव करने के लिए निरंतर अभ्यास और एक समर्पित दृष्टिकोण महत्वपूर्ण है।

अध्याय 5
श्री यंत्र ध्यान: श्री यंत्र त्राटक के लिए एक मार्गदर्शिका

यह अध्याय श्री यंत्र ध्यान, जिसे त्राटक भी कहा जाता है, के अभ्यास का परिचय देता है और एकाग्रता बढ़ाने और आध्यात्मिक विकास के लिए इसके लाभों की व्याख्या करता है।

श्री यंत्र: भीतर के ब्रह्मांड का प्रवेश द्वार

श्री यंत्र, एक पवित्र ज्यामितीय आरेख, ब्रह्मांड के सार को ही समाहित करने वाला माना जाता है। यह कहा जाता है कि यह हमारे भीतर के सूक्ष्म जगत का प्रतिबिंब है, जो बाहर के ब्रह्मांड के स्थूल जगत को दर्शाता है। यह शक्तिशाली प्रतीक ध्यान के लिए एक शक्तिशाली उपकरण के रूप में काम कर सकता है, जो आपको आंतरिक शांति और स्पष्टता की ओर ले जाता है।

अभ्यास शुरू करना:

श्री यंत्र ध्यान के माध्यम से आंतरिक शांति का अनावरण

शांति की तलाश: व्याकुलताओं से मुक्त एक शांत जगह खोजें, जो आपको अनुभव में पूरी तरह से डूबने की अनुमति दे।

आसनिक आराम: इष्टतम एकाग्रता और ऊर्जा प्रवाह के लिए अपनी रीढ़ की हड्डी को सीधा रखते हुए आरामदायक स्थिति में बैठें।

यंत्र को देखना: श्री यंत्र का अवलोकन करें, इसके जटिल विवरणों को देखें। अधिक केंद्रित अनुभव के लिए, दीवार पर तीन फीट की दूरी पर नेत्र स्तर पर रखे काले और सफेद, लाल, या लाल और पीले रंग के प्रिंट (अधिमानतः 12 * 12 इंच) का उपयोग करने पर विचार करें। बिना अधिक पलक झपकाए केंद्रीय बिंदु (बिंदु) को धीरे से देखें।

आंतरिक शांति: अपनी आँखें बंद करें और गहरी शांत करने वाली साँसें लें। साँस के साथ अपनी छाती या पेट के ऊपर–नीचे होने को महसूस करें । आपका मन शांत होने लगता है। यदि आप चाहें तो दिव्य सुरक्षा कवच का आह्वान कर सकते हैं।

दृश्य: श्री यंत्र की छवि को अपने मन की आंखों में मानसिक रूप से फिर से बनाएँ, इसके प्रतीकात्मक सार के साथ गहरे संबंध को बढ़ावा दें।

सचेतनता और प्रकटीकरण: वर्तमान क्षण की जागरूकता की स्थिति को अपनाएँ, किसी भी घुसपैठिया विचारों या भावनाओं को जाने दें। आप अवचेतन इच्छाओं का दोहन कर सकते हैं और सकारात्मक कथनों और दृश्य/कल्पना के साथ अपने दिमाग को सफलता के लिए पुन: प्रोग्राम कर सकते हैं। यह लक्ष्यों के दृश्य को सुविधाजनक बनाता है और उन्हें प्राप्त करने की प्रेरणा को बढ़ाता है। अपनी इच्छाओं या दृढ़ कथनों को मन में दोहराते हुए कम से कम 9 सेकंड तक सांस अंदर खींचें, और फिर सांस बाहर निकालें।

धीरे से वापसी: कुछ मिनटों के बाद, धीरे–धीरे अपनी आँखें खोलकर और कुछ गहरी साँसें लेकर अपने परिवेश में वापस आ जाएँ। यदि आवश्यक हो तो अपनी आँखें धोने पर विचार करें।

आवृत्ति और परिशोधन:

श्री यंत्र ध्यान का अभ्यास उतनी ही बार करें जितना आराम लगे, धीरे–धीरे अवधि बढ़ाते जाएँ क्योंकि आप तकनीक के अधिक अभ्यस्त होते जाते हैं। याद रखें, यह एक व्यक्तिगत यात्रा है; अपनी आवश्यकताओं और प्राथमिकताओं के अनुरूप अभ्यास को अपनाएँ। हालांकि इसे आम तौर पर सुरक्षित माना जाता है, किसी भी नए अभ्यास को शुरू करने से पहले स्वास्थ्य सेवा पेशेवर से परामर्श करना महत्वपूर्ण है, खासकर यदि आपको पहले से कोई स्वास्थ्य स्थिति है।

आपकी श्री यंत्र ध्यान की खोज आपको अधिक आत्म–जागरूकता, आंतरिक शांति और आपकी गहरी आकांक्षाओं की पूर्ति की ओर ले जाए।

श्री यंत्र ध्यान के लाभ:

बढ़ी हुई एकाग्रता और कम तनाव: यंत्र के जटिल विवरणों का अवलोकन करके, आपका मन अधिक केंद्रित हो जाता है, और शांत जागरूकता की स्थिति में प्रवेश करने पर तनाव का स्तर स्वाभाविक रूप से कम हो जाता है।

विचार और मन की स्पष्टता: यंत्र पर ध्यान केंद्रित करना मानसिक स्पष्टता को बढ़ावा देता है, जिससे आप जीवन की चुनौतियों का एक तेज दृष्टिकोण और नए उद्देश्य के साथ सामना कर सकते हैं।

लक्ष्य प्रकटीकरण: हालांकि यह एक गारंटीकृत तरीका नहीं है, श्री यंत्र ध्यान आपको अवचेतन इच्छाओं का दोहन करने और सफलता के लिए अपने दिमाग को पुन: प्रोग्राम करने में मदद कर सकता है। यह लक्ष्यों के दृश्य को सुविधाजनक बनाता है और उन्हें प्राप्त करने की प्रेरणा को बढ़ाता है।

चक्र ध्यान की तरह श्री यंत्र ध्यान भी कई अन्य संभावित लाभ प्रदान करता है, जो आपके जीवन के विभिन्न पहलुओं, शारीरिक कल्याण से लेकर आध्यात्मिक विकास तक को प्रभावित करता है।

जबकि दिव्य ऊर्जा दृश्य/कल्पना को अपने अभ्यास का हिस्सा बनाया जा सकता है, यह याद रखना महत्वपूर्ण है कि यंत्र ध्यान चिकित्सा उपचार का विकल्प नहीं है। हमेशा अपनी डॉक्टर की बताई दवाओं का पालन करें और जरूरत पड़ने पर पेशेवर चिकित्सा सलाह लें।

श्री यंत्र

अध्याय 6

ललिता सहस्रनाम: एक दिव्य अमृत

यह अंतिम अध्याय जपने के लिए संपूर्ण ललिता सहस्रनाम प्रस्तुत करता है, जिसका उद्देश्य इसके गहन ज्ञान और शक्ति को अनलॉक करना है।

हिंदू धर्म में, ललिता सहस्रनाम ब्रह्मांड पुराण में प्रतिष्ठित एक श्रद्धेय स्तोत्र है। यह देवी ललिता देवी, जिन्हें त्रिपुरा सुंदरी के नाम से भी जाना जाता है, के बहुआयामी सार को 1000 काव्यात्मक नामों/183 काव्यात्मक छंदों के माध्यम से प्रकट करता है। प्रत्येक नाम, एक तूलिका के समान, दिव्य के एक अद्वितीय पहलू, गुण या विशेषता को चित्रित करता है।

श्री ललिता सहस्रनाम स्तोत्रम – श्री ललिता के सहस्र नाम एक कविता के रूप में

ॐ श्री गणेशाय नमः
'गणों के स्वामी और बाधाओं को दूर करने वाले को नमस्कार'

समर्पण

अस्य श्रीललितासहस्रनामस्तोत्रमालामन्त्रस्य ।
वशिन्यादिवाग्देवता ऋषयः ।
अनुष्टुप्छन्दः ।
श्रीललितापरमेश्वरी देवता ।
श्रीमद्वाग्भवकूटेति बीजम् ।
मध्यकूटेति शक्तिः ।
शक्तिकूटेति कीलकम् ।
श्रीललितामहात्रिपुरसुन्दरी-प्रसादसिद्धिद्वारा
चिन्तितफलावाप्त्यर्थे जपे विनियोगः ।

श्री ललिता के सहस्र नामों के इस महामंत्रों की माला के
रचनाकार ऋषि वाशिनी और अन्य वाग्-देवता हैं छंद अनुष्टुप् है।
अधिष्ठात्री देवी परमेश्वरी श्री ललिता हैं
श्रीमद्वाग्भवकूटेति बीजम्। मध्यकूटेति शक्तिः। शक्तिकूटेति कीलकम् ।

यह पाठ एक विचार के वांछित परिणाम प्राप्त करने और श्री ललिता महा-
त्रिपुरा-सुंदरी को प्रसन्न करने के लिए किया जा रहा है।

(महत्वपूर्ण नोट: सांस लें, सांस रोकें और फिर इच्छा मांगें और फिर सांस
छोड़ें)

ध्यान

सिन्दूरारुणविग्रहां त्रिनयनां माणिक्यमौलिस्फुरत्
तारानायकशेखरां स्मितमुखीमापीनवक्षोरुहाम् ।
पाणिभ्यामलिपूर्णरत्नचषकं रक्तोत्पलं विभ्रतीं
सौम्यां रत्नघटस्थरक्तचरणां ध्यायेत्परामम्बिकाम् ॥

मैं परम माता का ध्यान करता हूँ, जो सिंदूर चूर्ण के समान लाल हैं, तीन नेत्रों वाली हैं, जिनके मस्तक पर अर्धचंद्र रत्नजटित मुकुट है, जिनकी मनमोहक मुस्कान करुणा का संकेत देती है और जिनके वक्ष सुगठित हैं। उनके हाथों में एक लाल कमल और अमृत का एक बहुमूल्य प्याला है। वह प्रसन्नचित्त हैं और उनके लाल चरण बहुमूल्य रत्नों से जड़े एक जल–पात्र पर टिके हैं।

अरुणां करुणातरङ्गिताक्षीं
धृतपाशाङ्कुशपुष्पबाणचापाम् ।
अणिमादिभिरावृतां मयुखैः
अहमित्येव विभावये भवानीम् ॥

मैं परम साम्राज्ञी का ध्यान करता हूँ वह लाल रंग की हैं, और उनकी आँखें करुणा से भरी हैं, और उनके हाथों में पाश, अंकुश, धनुष और पुष्प बाण हैं। वह चारों ओर से अनिमा जैसी शक्तियों से घिरी हुई हैं और वह मेरे भीतर का स्वयम् हैं।

ध्यायेत्पद्मासनस्थां विकसितवदनां पद्मपत्रायताक्षीं
हेमाभां पीतवस्त्रां करकलितलसद्धेमपद्मां वराङ्गीम् ।
सर्वालङ्कारयुक्तां सततमभयदां भक्तनम्रां भवानीं
श्रीविद्यां शान्तमूर्तिं सकलसुरनुतां सर्वसम्पत्प्रदात्रीम् ॥

मैं दिव्य देवी का ध्यान करता हूँ जो कमल पर बैठी हैं, खिले हुए मुख वाली हैं, कमल के पत्तों के समान नेत्रों वाली हैं, स्वर्ण आभा वाली हैं, और जिनके हाथ में कमल के फूल हैं। वह उन भक्तों के भय को दूर करती हैं जो उनके सामने झुकते हैं। वह शांति, ज्ञान का अवतार हैं, देवताओं द्वारा प्रशंसित हैं और हर प्रकार की वांछित संपत्ति प्रदान करती हैं।

सकुङ्कुमविलेपनामलिकचुम्बिकस्तूरिकां
समन्दहसितेक्षणां सशरचापपाशाङ्कुशाम् ।
अशेषजनमोहिनीमरुणमाल्यभूषाम्बरां
जपाकुसुमभासुरां जपविधौ स्मरेदम्बिकाम् ॥

मैं माता का ध्यान करता हूँ, जिनकी आँखें मुस्कुरा रही हैं, जो अपने हाथों में बाण, धनुष, पाश और अंकुश धारण करती हैं। वह लाल मालाओं और आभूषणों से चमक रही हैं। उनके माथे पर कुमकुम लगा हुआ है और वह जपा के फूल के समान लाल और कोमल हैं। जप विधि में अम्बिका का स्मरण करें।

ॐ

श्रीमाता श्रीमहाराज्ञी श्रीमत्-सिंहासनेश्वरी ।
चिदग्नि-कुण्ड-सम्भूता देवकार्य-समुद्यता ॥ 1 ॥

उद्यद्भानु-सहस्राभा चतुर्बाहु-समन्विता ।
रागस्वरूप-पाशाढ्या क्रोधाकाराङ्कुशोज्ज्वला ॥ 2 ॥

मनोरूपेक्षु-कोदण्डा पञ्चतन्मात्र-सायका ।
निजारुण-प्रभापूर-मज्जद्ब्रह्माण्ड-मण्डला ॥ 3 ॥

चम्पकाशोक–पुन्नाग–सौगन्धिक–लसत्कचा ।
कुरुविन्दमणि–श्रेणी–कनत्कोटीर–मण्डिता ॥ 4 ॥

अष्टमीचन्द्र–विभ्राज–दलिकस्थल–शोभिता ।
मुखचन्द्र–कलङ्काभ–मृगनाभि–विशेषका ॥ 5 ॥

वदनस्मर–माङ्गल्य–गृहतोरण–चिल्लिका ।
वक्त्रलक्ष्मी–परीवाह–चलन्मीनाभ–लोचना ॥ 6 ॥

नवचम्पक–पुष्पाभ–नासादण्ड–विराजिता ।
ताराकान्ति–तिरस्कारि–नासाभरण–भासुरा ॥ 7 ॥

कदम्बमञ्जरी–क्लृप्त–कर्णपूर–मनोहरा ।
ताटङ्क–युगली–भूत–तपनोडुप–मण्डला ॥ 8 ॥

पद्मराग–शिलादर्श–परिभावि–कपोलभूः ।
नवविद्रुम–बिम्बश्री–न्यक्कारि–रदनच्छदा ॥ 9 ॥

शुद्ध–विद्याङ्कुराकार–द्विजपङ्क्ति–द्वयोज्ज्वला ।
कर्पूर–वीटिकामोद–समाकर्षि–दिगन्तरा ॥ 10 ॥

निज–सल्लाप–माधुर्य–विनिर्भर्त्सित–कच्छपी ।
मन्दस्मित–प्रभापूर–मज्जत्कामेश–मानसा ॥ 11 ॥

अनाकलित–सादृश्य–चिबुकश्री–विराजिता ।
कामेश–बद्ध–माङ्गल्य–सूत्र–शोभित–कन्धरा ॥ 12 ॥

कनकाङ्गद-केयूर-कमनीय-भुजान्विता ।
रत्नग्रैवेय-चिन्ताक-लोल-मुक्ता-फलान्विता ॥ 13॥

कामेश्वर-प्रेमरत्न-मणि-प्रतिपण-स्तनी ।
नाभ्यालवाल-रोमालि-लता-फल-कुचद्वयी ॥ 14 ॥

लक्ष्यरोम-लताधारता-समुन्नेय-मध्यमा ।
स्तनभार-दलन्मध्य-पट्टुबन्ध-वलित्रया ॥ 15 ॥

अरुणारुण-कौसुम्भ-वस्त्र-भास्वत्-कटीतटी ।
रत्न-किङ्किणिका-रम्य-रशना-दाम-भूषिता ॥ 16 ॥

कामेश-ज्ञात-सौभाग्य-मार्दवोरु-द्वयान्विता ।
माणिक्य-मुकुटाकार-जानुद्वय-विराजिता ॥ 17 ॥

इन्द्रगोप-परिक्षिप्त-स्मरतूणाभ-जङ्घिका ।
गूढगुल्फा कूर्मपृष्ठ-जयिष्णु-प्रपदान्विता ॥ 18 ॥

नख-दीधिति-संछन्न-नमज्जन-तमोगुणा ।
पदद्वय-प्रभाजाल-पराकृत-सरोरुहा ॥ 19 ॥

सिञ्जान-मणिमञ्जीर-मण्डित-श्री-पदाम्बुजा ।
मराली-मन्दगमना महालावण्य-शेवधिः ॥ 20 ॥

सर्वारुणाऽनवद्याङ्गी सर्वाभरण-भूषिता ।
शिव-कामेश्वराङ्कस्था शिवा स्वाधीन-वल्लभा ॥ 21॥

सुमेरु-मध्य-शृङ्गस्था श्रीमन्नगर-नायिका ।
चिन्तामणि-गृहान्तस्था पञ्च-ब्रह्मासन-स्थिता ॥ 22 ॥

महापद्माटवी-संस्था कदम्बवन-वासिनी ।
सुधासागर-मध्यस्था कामाक्षी कामदायिनी ॥ 23 ॥

देवर्षि-गण-संघात-स्तूयमानात्म-वैभवा ।
भण्डासुर-वधोद्युक्त-शक्तिसेना-समन्विता ॥ 24 ॥

सम्पत्करी-समारूढ-सिन्धुर-व्रज-सेविता ।
अश्वारूढाधिष्ठिताश्व-कोटि-कोटिभिरावृता ॥ 25 ॥

चक्रराज-रथारूढ-सर्वायुध-परिष्कृता ।
गेयचक्र-रथारूढ-मन्त्रिणी-परिसेविता ॥ 26 ॥

किरिचक्र-रथारूढ-दण्डनाथा-पुरस्कृता ।
ज्वाला-मालिनिकाक्षिप्त-वह्निप्राकार-मध्यगा ॥ 27 ॥

भण्डसैन्य-वधोद्युक्त-शक्ति-विक्रम-हर्षिता ।
नित्या-पराक्रमाटोप-निरीक्षण-समुत्सुका ॥ 28 ॥

भण्डपुत्र-वधोद्युक्त-बाला-विक्रम-नन्दिता ।
मन्त्रिण्यम्बा-विरचित-विषङ्ग-वध-तोषिता ॥ 29 ॥

विशुक्र-प्राणहरण-वाराही-वीर्य-नन्दिता ।
कामेश्वर-मुखालोक-कल्पित-श्रीगणेश्वरा ॥ 30 ॥

महागणेश-निर्भिन्न-विघ्नयन्त्र-प्रहर्षिता ।
भण्डासुरेन्द्र-निर्मुक्त-शस्त्र-प्रत्यस्त्र-वर्षिणी ॥ 31 ॥

कराङ्गुलि-नखोत्पन्न-नारायण-दशाकृतिः ।
महा-पाशुपतास्त्राग्नि-निर्दग्धासुर-सैनिका ॥ 32 ॥

कामेश्वरास्त्र-निर्दग्ध-सभण्डासुर-शून्यका ।
ब्रह्मोपेन्द्र-महेन्द्रादि-देव-संस्तुत-वैभवा ॥ 33 ॥

हर-नेत्राग्नि-संदग्ध-काम-सञ्जीवनौषधिः ।
श्रीमद्वाग्भव-कूटैक-स्वरूप-मुख-पङ्कजा ॥ 34 ॥

कण्ठाधः-कटि-पर्यन्त-मध्यकूट-स्वरूपिणी ।
शक्ति-कूटैकतापन्न-कट्यधोभाग-धारिणी ॥ 35 ॥

मूल-मन्त्रात्मिका मूलकूटत्रय-कलेवरा ।
कुलामृतैक-रसिका कुलसंकेत-पालिनी ॥ 36 ॥

कुलाङ्गना कुलान्तस्था कौलिनी कुलयोगिनी ।
अकुला समयान्तस्था समयाचार-तत्परा ॥ 37 ॥

मूलाधारैक-निलया ब्रह्मग्रन्थि-विभेदिनी ।
मणि-पूरान्तरुदिता विष्णुग्रन्थि-विभेदिनी ॥ 38 ॥

आज्ञा-चक्रान्तरालस्था रुद्रग्रन्थि-विभेदिनी ।
सहस्राराम्बुजारूढा सुधा-साराभिवर्षिणी ॥ 39 ॥

तडिल्लता–समरुचिः षट्चक्रोपरि–संस्थिता ।
महाशक्तिः कुण्डलिनी बिसतन्तु–तनीयसी ॥ 40 ॥

भवानी भावनागम्या भवारण्य–कुठारिका ।
भद्रप्रिया भद्रमूर्तिर् भक्त–सौभाग्यदायिनी ॥ 41॥

भक्तिप्रिया भक्तिगम्या भक्तिवश्या भयापहा ।
शाम्भवी शारदाराध्या शर्वाणी शर्मदायिनी ॥ 42 ॥

शाङ्करी श्रीकरी साध्वी शरच्चन्द्र–निभानना ।
शातोदरी शान्तिमती निराधारा निरञ्जना ॥ 43 ॥

निर्लेपा निर्मला नित्या निराकारा निराकुला ।
निर्गुणा निष्कला शान्ता निष्कामा निरुपप्लवा ॥44 ॥

नित्यमुक्ता निर्विकारा निष्प्रपञ्चा निराश्रया ।
नित्यशुद्धा नित्यबुद्धा निरवद्या निरन्तरा ॥ 45 ॥

निष्कारणा निष्कलङ्का निरुपाधिर् निरीश्वरा ।
नीरागा रागमथनी निर्मदा मदनाशिनी ॥ 46 ॥

निश्चिन्ता निरहंकारा निर्मोहा मोहनाशिनी ।
निर्ममा ममताहन्त्री निष्पापा पापनाशिनी ॥ 47 ॥

निष्क्रोधा क्रोधशमनी निर्लोभा लोभनाशिनी ।
निःसंशया संशयघ्नी निर्भवा भवनाशिनी ॥ 48 ॥

निर्विकल्पा निराबाधा निर्भेदा भेदनाशिनी ।
निराशा मृत्युमथनी निष्क्रिया निष्परिग्रहा ॥ 49 ॥

निस्तुला नीलचिकुरा निरपाया निरत्यया ।
दुर्लभा दुर्गमा दुर्गा दुःखहन्त्री सुखप्रदा ॥ 50 ॥

दुष्टदूरा दुराचार-शमनी दोषवर्जिता ।
सर्वज्ञा सान्द्रकरुणा समानाधिक-वर्जिता ॥ 51 ॥

सर्वशक्तिमयी सर्व-मङ्गला सद्गतिप्रदा ।
सर्वेश्वरी सर्वमयी सर्वमन्त्र-स्वरूपिणी ॥ 52 ॥

सर्व-यन्त्रात्मिका सर्व-तन्त्ररूपा मनोन्मनी ।
माहेश्वरी महादेवी महालक्ष्मीर् मृडप्रिया ॥ 53 ॥

महारूपा महापूज्या महापातक-नाशिनी ।
महामाया महासत्त्वा महाशक्तिर् महारतिः ॥ 54 ॥

महाभोगा महैश्वर्या महावीर्या महाबला ।
महाबुद्धिर् महासिद्धिर् महायोगेश्वरेश्वरी ॥ 55 ॥

महातन्त्रा महामन्त्रा महायन्त्रा महासना ।
महायाग-क्रमाराध्या महाभैरव-पूजिता ॥ 56 ॥

महेश्वर-महाकल्प-महाताण्डव-साक्षिणी ।
महाकामेश-महिषी महात्रिपुर-सुन्दरी ॥ 57 ॥

चतुः षष्ट्युपचाराढ्या चतुः षष्टिकलामयी ।
महाचतुः–षष्टिकोटि–योगिनी–गणसेविता ॥ 58 ॥

मनुविद्या चन्द्रविद्या चन्द्रमण्डल–मध्यगा ।
चारुरूपा चारुहासा चारुचन्द्र–कलाधरा ॥ 59 ॥

चराचर–जगन्नाथा चक्रराज–निकेतना ।
पार्वती पद्मनयना पद्मराग–समप्रभा ॥ 60 ॥

पञ्च–प्रेतासनासीना पञ्चब्रह्म–स्वरूपिणी ।
चिन्मयी परमानन्दा विज्ञान–घनरूपिणी ॥ 61 ॥

ध्यान–ध्यातृ–ध्येयरूपा धर्माधर्म–विवर्जिता ।
विश्वरूपा जागरिणी स्वपन्ती तैजसात्मिका ॥ 62 ॥

सुप्ता प्राज्ञात्मिका तुर्या सर्वावस्था–विवर्जिता ।
सृष्टिकर्त्री ब्रह्मरूपा गोप्त्री गोविन्दरूपिणी ॥ 63 ॥

संहारिणी रुद्ररूपा तिरोधान–करीश्वरी ।
सदाशिवाऽनुग्रहदा पञ्चकृत्य–परायणा ॥ 64 ॥

भानुमण्डल–मध्यस्था भैरवी भगमालिनी ।
पद्मासना भगवती पद्मनाभ–सहोदरी ॥ 65॥

उन्मेष–निमिषोत्पन्न–विपन्न–भुवनावली ।
सहस्र–शीर्षवदना सहस्राक्षी सहस्रपात् ॥ 66 ॥

आब्रह्म–कीट–जननी वर्णाश्रम–विधायिनी ।
निजाज्ञारूप–निगमा पुण्यापुण्य–फलप्रदा ॥ 67 ॥

श्रुति–सीमन्त–सिन्दूरी–कृत–पादाब्ज–धूलिका ।
सकलागम–सन्दोह–शुक्ति–सम्पुट–मौक्तिका ॥ 68 ॥

पुरुषार्थप्रदा पूर्णा भोगिनी भुवनेश्वरी ।
अम्बिकाऽनादि–निधना हरिब्रह्मेन्द्र–सेविता ॥ 69 ॥

नारायणी नादरूपा नामरूप–विवर्जिता ।
ह्रींकारी ह्रीमती हृद्या हेयोपादेय–वर्जिता ॥ 70 ॥

राजराजार्चिता राज्ञी रम्या राजीवलोचना ।
रञ्जनी रमणी रस्या रणत्किङ्किणि–मेखला ॥ 71॥

रमा राकेन्दुवदना रतिरूपा रतिप्रिया ।
रक्षाकरी राक्षसघ्नी रामा रमणलम्पटा ॥ 72 ॥

काम्या कामकलारूपा कदम्ब–कुसुम–प्रिया ।
कल्याणी जगतीकन्दा करुणा–रस–सागरा ॥ 73 ॥

कलावती कलालापा कान्ता कादम्बरीप्रिया ।
वरदा वामनयना वारुणी–मद–विह्वला ॥ 74 ॥

विश्वाधिका वेदवेद्या विन्ध्याचल–निवासिनी ।
विधात्री वेदजननी विष्णुमाया विलासिनी ॥ 75 ॥

क्षेत्रस्वरूपा क्षेत्रेशी क्षेत्र-क्षेत्रज्ञ-पालिनी ।
क्षयवृद्धि-विनिर्मुक्ता क्षेत्रपाल-समर्चिता ॥ 76 ॥

विजया विमला वन्द्या वन्दारु-जन-वत्सला ।
वाग्वादिनी वामकेशी वह्निमण्डल-वासिनी ॥ 77 ॥

भक्तिमत्-कल्पलतिका पशुपाश-विमोचिनी ।
संहताशेष-पाषण्डा सदाचार-प्रवर्तिका ॥ 78 ॥

तापत्रयाग्नि-सन्तप्त-समाह्लादन-चन्द्रिका ।
तरुणी तापसाराध्या तनुमध्या तमोऽपहा ॥ 79 ॥

चितिस्तत्पद-लक्ष्यार्था चिदेकरस-रूपिणी ।
स्वात्मानन्द-लवीभूत-ब्रह्माद्यानन्द-सन्ततिः ॥ 80 ॥

परा प्रत्यक्चितीरूपा पश्यन्ती परदेवता ।
मध्यमा वैखरीरूपा भक्त-मानस-हंसिका ॥ 81 ॥

कामेश्वर-प्राणनाडी कृतज्ञा कामपूजिता ।
शृङ्गार-रस-सम्पूर्णा जया जालन्धर-स्थिता ॥ 82 ॥

ओड्याणपीठ-निलया बिन्दु-मण्डलवासिनी ।
रहोयाग-क्रमाराध्या रहस्तर्पण-तर्पिता ॥ 83 ॥

सद्यःप्रसादिनी विश्व-साक्षिणी साक्षिवर्जिता ।
षडङ्गदेवता-युक्ता षाड्गुण्य-परिपूरिता ॥ 84 ॥

नित्यक्लिन्ना निरुपमा निर्वाण-सुख-दायिनी ।
नित्या-षोडशिका-रूपा श्रीकण्ठार्ध-शरीरिणी ॥ 85 ॥

प्रभावती प्रभारूपा प्रसिद्धा परमेश्वरी ।
मूलप्रकृतिर् अव्यक्ता व्यक्ताव्यक्त-स्वरूपिणी ॥ 86 ॥

व्यापिनी विविधाकारा विद्याविद्या-स्वरूपिणी ।
महाकामेश-नयन-कुमुदाह्लाद-कौमुदी ॥ 87 ॥

भक्त-हार्द-तमोभेद-भानुमद्भानु-सन्ततिः ।
शिवदूती शिवाराध्या शिवमूर्तिः शिवङ्करी ॥ 88 ॥

शिवप्रिया शिवपरा शिष्टेष्टा शिष्टपूजिता ।
अप्रमेया स्वप्रकाशा मनोवाचामगोचरा ॥ 89 ॥

चिच्छक्तिश् चेतनारूपा जडशक्तिर् जडात्मिका ।
गायत्री व्याहृतिः सन्ध्या द्विजवृन्द-निषेविता ॥ 90 ॥

तत्त्वासना तत्त्वमयी पञ्च-कोशान्तर-स्थिता ।
निःसीम-महिमा नित्य-यौवना मदशालिनी ॥ 91 ॥

मदघूर्णित-रक्ताक्षी मदपाटल-गण्डभूः ।
चन्दन-द्रव-दिग्धाङ्गी चाम्पेय-कुसुम-प्रिया ॥ 92 ॥

कुशला कोमलाकारा कुरुकुल्ला कुलेश्वरी ।
कुलकुण्डालया कौल-मार्ग-तत्पर-सेविता ॥ 93 ॥

कुमार-गणनाथाम्बा तुष्टिः पुष्टिर् मतिर् धृतिः ।
शान्तिः स्वस्तिमती कान्तिर् नन्दिनी विघ्ननाशिनी ॥ 94 ॥

तेजोवती त्रिनयना लोलाक्षी-कामरूपिणी ।
मालिनी हंसिनी माता मलयाचल-वासिनी ॥ 95 ॥

सुमुखी नलिनी सुभ्रूः शोभना सुरनायिका ।
कालकण्ठी कान्तिमती क्षोभिणी सूक्ष्मरूपिणी ॥ 96 ॥

वज्रेश्वरी वामदेवी वयोऽवस्था-विवर्जिता ।
सिद्धेश्वरी सिद्धविद्या सिद्धमाता यशस्विनी ॥ 97 ॥

विशुद्धिचक्र-निलयाऽऽरक्तवर्णा त्रिलोचना ।
खड्गाङ्गादि-प्रहरणा वदनैक-समन्विता ॥ 98 ॥

पायसान्नप्रिया त्वक्स्था पशुलोक-भयङ्करी ।
अमृतादि-महाशक्ति-संवृता डाकिनीश्वरी ॥ 99॥

अनाहताब्ज-निलया श्यामाभा वदनद्वया ।
दंष्ट्रोज्ज्वलाऽक्ष-मालादि-धरा रुधिरसंस्थिता ॥ 100 ॥

कालरात्र्यादि-शक्त्यौघ-वृता स्निग्धौदनप्रिया ।
महावीरेन्द्र-वरदा राकिण्यम्बा-स्वरूपिणी ॥ 101 ॥

मणिपूराब्ज-निलया वदनत्रय-संयुता ।
वज्रादिकायुधोपेता डामर्यादिभिरावृता ॥ 102 ॥

रक्तवर्णा मांसनिष्ठा गुदान्न–प्रीत–मानसा ।
समस्तभक्त–सुखदा लाकिन्यम्बा–स्वरूपिणी ॥ 103 ॥

स्वाधिष्ठानाम्बुज–गता चतुर्वक्त्र–मनोहरा ।
शूलाद्यायुध–सम्पन्ना पीतवर्णाऽतिगर्विता ॥ 104 ॥

मेदोनिष्ठा मधुप्रीता बन्धिन्यादि–समन्विता ।
दध्यन्नासक्त–हृदया काकिनी–रूप–धारिणी ॥ 105 ॥

मूलाधाराम्बुजारूढा पञ्च–वक्त्राऽस्थि–संस्थिता ।
अङ्कुशादि–प्रहरणा वरदादि–निषेविता ॥ 106 ॥

मुद्रौदनासक्त–चित्ता साकिन्यम्बा–स्वरूपिणी ।
आज्ञा–चक्राब्ज–निलया शुक्लवर्णा षडानना ॥ 107 ॥

मज्जासंस्था हंसवती–मुख्य–शक्ति–समन्विता ।
हरिद्रान्नैक–रसिका हाकिनी–रूप–धारिणी ॥ 108 ॥

सहस्रदल–पद्मस्था सर्व–वर्णोप–शोभिता ।
सर्वायुधधरा शुक्ल–संस्थिता सर्वतोमुखी ॥ 109 ॥

सर्वौदन–प्रीतचित्ता याकिन्यम्बा–स्वरूपिणी ।
स्वाहा स्वधाऽमतिर् मेधा श्रुतिः स्मृतिर् अनुत्तमा ॥ 110 ॥

पुण्यकीर्तिः पुण्यलभ्या पुण्यश्रवण–कीर्तना ।
पुलोमजार्चिता बन्ध–मोचनी बन्धुरालका ॥ 111 ॥

विमर्शरूपिणी विद्या वियदादि-जगत्प्रसूः ।
सर्वव्याधि-प्रशमनी सर्वमृत्यु-निवारिणी ॥ 112 ॥

अग्रगण्याऽचिन्त्यरूपा कलिकल्मष-नाशिनी ।
कात्यायनी कालहन्त्री कमलाक्ष-निषेविता ॥ 113 ॥

ताम्बूल-पूरित-मुखी दाडिमी-कुसुम-प्रभा ।
मृगाक्षी मोहिनी मुख्या मृडानी मित्ररूपिणी ॥ 114 ॥

नित्यतृप्ता भक्तनिधिर् नियन्त्री निखिलेश्वरी ।
मैत्र्यादि-वासनालभ्या महाप्रलय-साक्षिणी ॥ 115 ॥

परा शक्तिः परा निष्ठा प्रज्ञानघन-रूपिणी ।
माध्वीपानालसा मत्ता मातृका-वर्ण-रूपिणी ॥ 116 ॥

महाकैलास-निलया मृणाल-मृदु-दोर्लता ।
महनीया दयामूर्तिर् महासाम्राज्य-शालिनी ॥ 117 ॥

आत्मविद्या महाविद्या श्रीविद्या कामसेविता ।
श्री-षोडशाक्षरी-विद्या त्रिकूटा कामकोटिका ॥ 118 ॥

कटाक्ष-किङ्करी-भूत-कमला-कोटि-सेविता ।
शिरःस्थिता चन्द्रनिभा भालस्थेन्द्र-धनुःप्रभा ॥ 119 ॥

हृदयस्था रविप्रख्या त्रिकोणान्तर-दीपिका ।
दाक्षायणी दैत्यहन्त्री दक्षयज्ञ-विनाशिनी ॥ 120 ॥

दरान्दोलित-दीर्घाक्षी दर-हासोज्ज्वलन्-मुखी ।
गुरुमूर्तिर् गुणनिधिर् गोमाता गुहजन्मभूः ॥ 121 ॥

देवेशी दण्डनीतिस्था दहराकाश-रूपिणी ।
प्रतिपन्मुख्य-राकान्त-तिथि-मण्डल-पूजिता ॥ 122 ॥

कलात्मिका कलानाथा काव्यालाप-विनोदिनी ।
सचामर-रमा-वाणी-सव्य-दक्षिण-सेविता ॥ 123 ॥

आदिशक्तिर् अमेयाऽऽत्मा परमा पावनाकृतिः ।
अनेककोटि-ब्रह्माण्ड-जननी दिव्यविग्रहा ॥ 124 ॥

क्लींकारी केवला गुह्या कैवल्य-पददायिनी ।
त्रिपुरा त्रिजगद्वन्द्या त्रिमूर्तिस् त्रिदशेश्वरी ॥ 125 ॥

त्र्यक्षरी दिव्य-गन्धाढ्या सिन्दूर-तिलकाञ्चिता ।
उमा शैलेन्द्रतनया गौरी गन्धर्व-सेविता ॥ 126 ॥

विश्वगर्भा स्वर्णगर्भाऽवरदा वागधीश्वरी ।
ध्यानगम्याऽपरिच्छेद्या ज्ञानदा ज्ञानविग्रहा ॥ 127 ॥

सर्ववेदान्त-संवेद्या सत्यानन्द-स्वरूपिणी ।
लोपामुद्रार्चिता लीला-क्लृप्त-ब्रह्माण्ड-मण्डला ॥ 128 ॥

अदृश्या दृश्यरहिता विज्ञात्री वेद्यवर्जिता ।
योगिनी योगदा योग्या योगानन्दा युगन्धरा ॥ 129 ॥

इच्छाशक्ति-ज्ञानशक्ति-क्रियाशक्ति-स्वरूपिणी ।
सर्वाधारा सुप्रतिष्ठा सदसद्रूप-धारिणी ॥ 130 ॥

अष्टमूर्तिर् अजाजैत्री लोकयात्रा-विधायिनी ।
एकाकिनी भूमरूपा निर्द्वैता द्वैतवर्जिता ॥ 131 ॥

अन्नदा वसुदा वृद्धा ब्रह्मात्मैक्य-स्वरूपिणी ।
बृहती ब्राह्मणी ब्राह्मी ब्रह्मानन्दा बलिप्रिया ॥ 132 ॥

भाषारूपा बृहत्सेना भावाभाव-विवर्जिता ।
सुखाराध्या शुभकरी शोभना सुलभा गतिः ॥ 133 ॥

राज-राजेश्वरी राज्य-दायिनी राज्य-वल्लभा ।
राजत्कृपा राजपीठ-निवेशित-निजाश्रिता ॥ 134 ॥

राज्यलक्ष्मीः कोशनाथा चतुरङ्ग-बलेश्वरी ।
साम्राज्य-दायिनी सत्यसन्धा सागरमेखला ॥ 135 ॥

दीक्षिता दैत्यशमनी सर्वलोक-वशङ्करी ।
सर्वार्थदात्री सावित्री सच्चिदानन्द-रूपिणी ॥ 136 ॥

देश-कालापरिच्छिन्ना सर्वगा सर्वमोहिनी ।
सरस्वती शास्त्रमयी गुहाम्बा गुह्यरूपिणी ॥ 137 ॥

सर्वोपाधि-विनिर्मुक्ता सदाशिव-पतिव्रता ।
सम्प्रदायेश्वरी साध्वी गुरुमण्डल-रूपिणी ॥ 138 ॥

कुलोत्तीर्णा भगाराध्या माया मधुमती मही ।
गणाम्बा गुह्यकाराध्या कोमलाङ्गी गुरुप्रिया ॥ 139 ॥

स्वतन्त्रा सर्वतन्त्रेशी दक्षिणामूर्ति-रूपिणी ।
सनकादि-समाराध्या शिवज्ञान-प्रदायिनी ॥ 140 ॥

चित्कलाऽऽनन्द-कलिका प्रेमरूपा प्रियङ्करी ।
नामपारायण-प्रीता नन्दिविद्या नटेश्वरी ॥ 141 ॥

मिथ्या-जगदधिष्ठाना मुक्तिदा मुक्तिरूपिणी ।
लास्यप्रिया लयकरी लज्जा रम्भादिवन्दिता ॥ 142 ॥

भवदाव-सुधावृष्टिः पापारण्य-दवानला ।
दौर्भाग्य-तूलवातूला जराध्वान्त-रविप्रभा ॥ 143 ॥

भाग्याब्धि-चन्द्रिका भक्त-चित्तकेकि-घनाघना ।
रोगपर्वत-दम्भोलिर् मृत्युदारु-कुठारिका ॥ 144 ॥

महेश्वरी महाकाली महाग्रासा महाशना ।
अपर्णा चण्डिका चण्डमुण्डासुर-निषूदिनी ॥ 145 ॥

क्षराक्षरात्मिका सर्व-लोकेशी विश्वधारिणी ।
त्रिवर्गदात्री सुभगा त्र्यम्बका त्रिगुणात्मिका ॥ 146 ॥

स्वर्गापवर्गदा शुद्धा जपापुष्प-निभाकृतिः ।
ओजोवती द्युतिधरा यज्ञरूपा प्रियव्रता ॥ 147 ॥

दुराराध्या दुराधर्षा पाटली-कुसुम-प्रिया ।
महती मेरुनिलया मन्दार-कुसुम-प्रिया ॥ 148 ॥

वीराराध्या विराड्रूपा विरजा विश्वतोमुखी ।
प्रत्यग्रूपा पराकाशा प्राणदा प्राणरूपिणी ॥ 149 ॥

मार्ताण्ड–भैरवाराध्या मन्त्रिणीन्यस्त-राज्यधूः ।
त्रिपुरेशी जयत्सेना निस्त्रैगुण्या परापरा ॥ 150 ॥

सत्य–ज्ञानानन्द–रूपा सामरस्य-परायणा ।
कपर्दिनी कलामाला कामधुक् कामरूपिणी ॥ 151 ॥

कलानिधिः काव्यकला रसज्ञा रसशेवधिः ।
पुष्टा पुरातना पूज्या पुष्करा पुष्करेक्षणा ॥ 152 ॥

परंज्योतिः परंधाम परमाणुः परात्परा ।
पाशहस्ता पाशहन्त्री परमन्त्र–विभेदिनी ॥ 153 ॥

मूर्ताऽमूर्ताऽनित्यतृप्ता मुनिमानस-हंसिका ।
सत्यव्रता सत्यरूपा सर्वान्तर्यामिनी सती ॥ 154 ॥

ब्रह्माणी ब्रह्मजननी बहुरूपा बुधार्चिता ।
प्रसवित्री प्रचण्डाऽऽज्ञा प्रतिष्ठा प्रकटाकृतिः ॥ 155 ॥

प्राणेश्वरी प्राणदात्री पञ्चाशत्पीठ–रूपिणी ।
विशृङ्खला विविक्तस्था वीरमाता वियत्प्रसूः ॥ 156 ॥

मुकुन्दा मुक्तिनिलया मूलविग्रह–रूपिणी ।
भावज्ञा भवरोगघ्नी भवचक्र–प्रवर्तिनी ॥ 157 ॥

छन्दःसारा शास्त्रसारा मन्त्रसारा तलोदरी ।
उदारकीर्तिर् उद्दामवैभवा वर्णरूपिणी ॥ 158 ॥

जन्ममृत्यु–जरातप्त–जनविश्रान्ति–दायिनी ।
सर्वोपनिष–दुद्–घुष्टा शान्त्यतीत–कलात्मिका ॥ 159 ॥

गम्भीरा गगनान्तस्था गर्विता गानलोलुपा ।
कल्पना–रहिता काष्ठाऽकान्ता कान्तार्ध–विग्रहा ॥ 160 ॥

कार्यकारण–निर्मुक्ता कामकेलि–तरङ्गिता ।
कनत्कनकता–टङ्का लीला–विग्रह–धारिणी ॥ 161 ॥

अजा क्षयविनिर्मुक्ता मुग्धा क्षिप्र–प्रसादिनी ।
अन्तर्मुख–समाराध्या बहिर्मुख–सुदुर्लभा ॥ 162 ॥

त्रयी त्रिवर्गनिलया त्रिस्था त्रिपुरमालिनी ।
निरामया निरालम्बा स्वात्मारामा सुधासृतिः ॥ 163 ॥

संसारपङ्क–निर्मग्न–समुद्धरण–पण्डिता ।
यज्ञप्रिया यज्ञकर्त्री यजमान–स्वरूपिणी ॥ 164 ॥

धर्माधारा धनाध्यक्षा धनधान्य–विवर्धिनी ।
विप्रप्रिया विप्ररूपा विश्वभ्रमण–कारिणी ॥ 165 ॥

विश्वग्रासा विद्रुमाभा वैष्णवी विष्णुरूपिणी ।
अयोनिर् योनिनिलया कूटस्था कुलरूपिणी ॥ 166 ॥

वीरगोष्ठीप्रिया वीरा नैष्कर्म्या नादरूपिणी ।
विज्ञानकलना कल्या विदग्धा बैन्दवासना ॥ 167 ॥

तत्त्वाधिका तत्त्वमयी तत्त्वमर्थ-स्वरूपिणी ।
सामगानप्रिया सौम्या सदाशिव-कुटुम्बिनी ॥ 168 ॥

सव्यापसव्य-मार्गस्था सर्वापद्विनिवारिणी ।
स्वस्था स्वभावमधुरा धीरा धीरसमर्चिता ॥ 169 ॥

चैतन्यार्घ्य-समाराध्या चैतन्य-कुसुमप्रिया ।
सदोदिता सदातुष्टा तरुणादित्य-पाटला ॥ 170 ॥

दक्षिणा-दक्षिणाराध्या दरस्मेर-मुखाम्बुजा ।
कौलिनी-केवलाऽनर्घ्य-कैवल्य-पददायिनी ॥ 171 ॥

स्तोत्रप्रिया स्तुतिमती श्रुति-संस्तुत-वैभवा ।
मनस्विनी मानवती महेशी मङ्गलाकृतिः ॥ 172 ॥

विश्वमाता जगद्धात्री विशालाक्षी विरागिणी ।
प्रगल्भा परमोदारा परामोदा मनोमयी ॥ 173 ॥

व्योमकेशी विमानस्था वज्रिणी वामकेश्वरी ।
पञ्चयज्ञ-प्रिया पञ्च-प्रेत-मञ्चाधिशायिनी ॥ 174 ॥

पञ्चमी पञ्चभूतेशी पञ्च-संख्योपचारिणी ।
शाश्वती शाश्वतैश्वर्या शर्मदा शम्भुमोहिनी ॥ 175 ॥

धराधरसुता धन्या धर्मिणी धर्मवर्धिनी ।
लोकातीता गुणातीता सर्वातीता शमात्मिका ॥ 176 ॥

बन्धूक-कुसुमप्रख्या बाला लीलाविनोदिनी ।
सुमङ्गली सुखकरी सुवेषाढ्या सुवासिनी ॥ 177 ॥

सुवासिन्यर्चन-प्रीताऽशोभना शुद्धमानसा ।
बिन्दु-तर्पण-सन्तुष्टा पूर्वजा त्रिपुराम्बिका ॥ 178 ॥

दशमुद्रा-समाराध्या त्रिपुराश्री-वशङ्करी ।
ज्ञानमुद्रा ज्ञानगम्या ज्ञानज्ञेय-स्वरूपिणी ॥ 179 ॥

योनिमुद्रा त्रिखण्डेशी त्रिगुणाम्बा त्रिकोणगा ।
अनघाऽद्भुत-चारित्रा वाञ्छितार्थ-प्रदायिनी ॥ 180 ॥

अभ्यासातिशय-ज्ञाता षडध्वातीत-रूपिणी ।
अव्याज-करुणा-मूर्तिर् अज्ञान-ध्वान्त-दीपिका ॥ 181 ॥

आबाल-गोप-विदिता सर्वानुल्लङ्घ्य-शासना ।
श्रीचक्रराज-निलया श्रीमत्-त्रिपुरसुन्दरी ॥ 182 ॥

श्रीशिवा शिव-शक्त्यैक्य-रूपिणी ललिताम्बिका ॥ 183 ॥

दिव्य माता की जय हो! आप शिव और शक्ति के पवित्र मिलन का, एकत्व के सार का प्रतीक हैं। हे ललिता, आप से ही संपूर्ण ब्रह्मांड प्रवाहित होता है, जो आपकी दिव्य इच्छा का एक भव्य खेल है।

श्री ललिता सहस्रनाम स्तोत्र कविता के रूप में यहीं पूर्ण होता है।

कुछ विचारोत्तेजक संकेत

ललिता देवी: भीतर के दिव्य का अनावरण

श्लोक 1–23 मानव शरीर, मन, इंद्रियों और ब्रह्मांड की अंतर्संबंधता में तल्लीन होते हैं, शरीर और उसकी निर्दोष प्रकृति के मनमोहक विवरणों का उपयोग करते हैं। यह जोर देता है कि हमारे भौतिक रूप का हर हिस्सा पूर्ण सामंजस्य में काम करता है, अस्तित्व के आश्चर्य और जटिलता को उजागर करता है। इन 23 श्लोकों में, पूजा का उद्देश्य ललिताम्बिका की कोई मूर्ति/फोटो नहीं है। यह हमारे अपने स्वरूप की अभिव्यक्ति है।

यह श्लोक केवल शारीरिक सुंदरता से परे है और कहता है कि ब्रह्मांड स्वयं हमारा आभूषण है, जिसमें असंख्य तारे और ग्रह हमारे अस्तित्व के विशाल पैमाने को दर्शाते हैं। यह सूक्ष्म जगत और स्थूल जगत की अवधारणा पर जोर देता है – कि हम, व्यक्तियों के रूप में, विशाल ब्रह्मांड के लघु प्रतिबिंब हैं।

इसके अलावा, ये श्लोक **"शिवोहम"** की अवधारणा का परिचय देते हैं, जिसका अर्थ है "मैं शिव हूँ" यह इस विचार को दोहराता है कि दिव्य सार, श्री-शिव, हम में से प्रत्येक के भीतर निवास करता है। यह इस अवधारणा को **"नमः शिवाय"** मंत्र से जोड़ता है, जो पंचमहाभूतों (पांच तत्वों) – पृथ्वी, जल, अग्नि, वायु और आकाश से जुड़ा है। शक्ति हम में गतिशील ऊर्जा है। ऊर्जा की स्थिर और गतिशील अवस्थाओं के बीच यह अंतःक्रिया अस्तित्व के लिए महत्वपूर्ण है।

जबकि ये श्लोक व्यक्तिगत शरीर को निर्दोष बताते हैं, यह इस भौतिक सुंदरता से परे जाकर एक गहरा आध्यात्मिक अर्थ प्रकट करते हैं। यह बताते हैं कि शिव, जो

वास्तविकता के अपरिवर्तनीय पहलू का प्रतिनिधित्व करते हैं, को ब्रह्मांड को प्रकट करने और बनाने के लिए शक्ति की गतिशील ऊर्जा की आवश्यकता होती है।

ललिता सहस्रनाम को अंतिम श्लोक – "श्रीशिवा शिव–शक्त्यैक्य–रूपिणी ललिताम्बिका"– (श्लोक 183) के संदर्भ के साथ समाप्त करते हुए, यह श्लोक शिव और शक्ति की एकता को रेखांकित करता है। यह जोर देता है कि ललिताम्बिका इन दिव्य शक्तियों की एकता का प्रतीक हैं, और उनकी चंचल बातचीत हमारे ब्रह्मांड के सार का निर्माण करती है।

कुल मिलाकर, यह श्लोक भावपूर्ण कल्पना और काव्यात्मक भाषा का उपयोग करके आध्यात्मिक अवधारणाओं में तल्लीन होता है। यह मानव शरीर, ब्रह्मांड और दिव्य की अंतर्संबंधता को उजागर करता है।

श्री यंत्र और मानव संबंध

उस तेजस्वी देवी की जय हो, जो मेरु पर्वत के मध्य शिखर पर विराजमान हैं, जो शुभ नगर की रानी हैं, इच्छा-पूर्ति करने वाले रत्नों के महल में, ईश्वर के पांच पहलुओं के पलंग पर विराजमान हैं। **(श्लोक 22)**

श्री यंत्र में केंद्रीय बिंदु (बिंदु) शिव और शक्ति, दिव्य पुरुष और स्त्री ऊर्जाओं के पूर्ण मिलन का प्रतीक है। मानव शरीर के भीतर, यह बिंदु सिर के शीर्ष – सहस्रार चक्र, आध्यात्मिक जागरूकता के एक पवित्र केंद्र से मेल खाता है।

"सुमेरु" शब्द का दोहरा अर्थ है – यह भक्त के शरीर या रीढ़ की हड्डी, साथ ही **"मेरु प्रस्तार"** के रूप में जाने जाने वाले श्री यंत्र के त्रि-आयामी रूप दोनों का प्रतिनिधित्व करता है।

ललिता देवी को चार देवताओं – ब्रह्मा, विष्णु, रुद्र और ईश्वर द्वारा समर्थित सिंहासन पर विराजमान दर्शाया गया है। ये देवता निर्माण, संरक्षण, विनाश और छिपाव के चार पहलुओं का प्रतीक हैं। सिंहासन का केंद्रीय तख्ता सदाशिव है, जो शुद्ध चेतना की नींव का प्रतिनिधित्व करता है। यह दर्शाता है कि दिव्य की सर्वोच्च शक्ति प्राकृतिक दुनिया को नियंत्रित करने वाले इन मूलभूत तत्वों पर कैसे टिकी हुई है।

इसी प्रकार, मानव शरीर पांच तत्वों – पृथ्वी, जल, अग्नि, वायु और आकाश से निर्मित एक पात्र है। ये तत्व रीढ़ के साथ विभिन्न चक्रों (ऊर्जा केंद्रों) के भीतर निवास करते हैं, मूलाधार (जड़) से लेकर विशुद्धि (गला) तक, शरीर के भीतर अपने संबंधित कार्यों को नियंत्रित करते हैं। चक्रों द्वारा निर्मित इस संरचना को "पांच देवताओं का सिंहासन" कहा जाता है, जो मानव शरीर और ब्रह्मांडीय संरचना के बीच गहरे संबंध को उजागर करता है।

युद्धक्षेत्र के श्लोक

युद्धक्षेत्र के श्लोकों का जाप करने से आंतरिक शांति की गहरी अनुभूति होती है।

श्लोक 24 से 33 ललिता देवी और भंडासुर के बीच युद्ध का वर्णन करते हैं, जो अज्ञान, अहंकार और उसके परिणामस्वरूप नकारात्मकता का प्रतिनिधित्व करने वाला एक राक्षस है। आइए इस प्रतीकात्मक युद्ध के गहरे अर्थ में तल्लीन होते हैं:

"भंड" शब्द का अर्थ बेशर्म होता है, जबकि **"असुर"** का अर्थ राक्षस होता है। एक साथ, भंडासुर बेशर्म राक्षस का प्रतिनिधित्व करता है, जो अज्ञान और अहंकार से प्रेरित नैतिक दिशा और नैतिक सीमाओं की कमी का प्रतीक है।

यह युद्ध कोई भौतिक युद्ध नहीं है बल्कि प्रत्येक व्यक्ति के भीतर के आंतरिक संघर्ष का एक प्रतीकात्मक प्रतिनिधित्व है। भंडासुर उन नकारात्मक पहलुओं का प्रतीक है जिनका हम सभी अपने भीतर सामना करते हैं।

विषंग: यह शब्द बाहरी वस्तुओं के साथ इंद्रियों के आसक्ति को दर्शाता है। विषंग को पराजित करना हमारी एकाग्रता को बाहरी विकर्षणों से दूर, भीतर की ओर, ध्यान और आत्म-जागरूकता की ओर मोड़ने का प्रतिनिधित्व करता है। यह प्रत्याहार, या इंद्रियों के प्रत्याहार के योगिक अभ्यास के समान है।

विशुक्र: यह शब्द नकारात्मक ऊर्जाओं को संदर्भित करता है। विशुक्र पर विजय प्राप्त करना हमारे मन के भीतर नकारात्मकता पर काबू पाने का प्रतीक है, जो अनियंत्रित इच्छाओं, क्रोध और घृणा के रूप में प्रकट हो सकता है। भंडासुर के पुत्र इन आंतरिक संघर्षों से उत्पन्न हानिकारक आदतों का प्रतिनिधित्व करते हैं।

ललिता देवी की दिव्य सेना:

ललिता देवी की सेना भौतिक सैनिकों से नहीं बनी है, बल्कि उन दिव्य गुणों का प्रतिनिधित्व करती है जो एक भक्त के भीतर उसकी आध्यात्मिक यात्रा के दौरान पोषित होते हैं।

खिलते हुए सद्गुण: युद्ध की तैयारी कर रही सेना व्यक्ति के भीतर इन गुणों के विकास को दर्शाती है, जैसे करुणा, साहस और आत्म-अनुशासन।

दिव्य रूप: ललिता देवी स्वयं संपत्कारी, अश्व-रूढ़ा, मंत्रिणी, बाला, वाराही ज्वाला-मालिनी और गणेश जैसे अपने रूपों के माध्यम से इन गुणों के विभिन्न पहलुओं का प्रतीक हैं। ये रूप भक्त को सशक्त बनाते हैं और उन्हें नकारात्मकता पर काबू पाने के लिए विभिन्न उपकरण प्रदान करते हैं।

कुल मिलाकर, ललिता देवी और भंडासुर के बीच युद्ध नकारात्मकता और सकारात्मक गुणों की खेती के बीच चल रहे आंतरिक संघर्ष का प्रतीक है। ललिता देवी प्रत्येक व्यक्ति के भीतर दिव्य चिंगारी का प्रतिनिधित्व करती हैं, जो हमें आत्म-साक्षात्कार और मुक्ति की ओर ले जाती हैं।

श्लोक संस्कारों, इस जन्म और पिछले जन्मों के नकारात्मक छापों को उखाड़ने की प्रक्रिया का उल्लेख करते हैं। इसे अक्सर एक दर्दनाक प्रक्रिया के रूप में वर्णित किया जाता है, इसलिए "दंडात्मक देवी" वाराही का, ललिता देवी के एक रूप के साथ जुड़ाव है। अवचेतन प्रोग्रामिंग की अवधारणा केवल सचेत विचार से परे गहरे स्तर पर नकारात्मकता को परिवर्तन करने के महत्व पर जोर देती है।

याद रखें, यह प्रतीकात्मकता की केवल एक व्याख्या है। आध्यात्मिक कहानियों की सुंदरता उनकी क्षमता में निहित है कि वे प्रत्येक व्यक्ति के लिए अर्थ और व्यक्तिगत प्रतिबिंब की विभिन्न परतें पेश करती हैं।

सती और दक्ष की कहानी: दिव्य संबंध का महत्व

हृदय में, आप सूर्य के समान तेजस्वी हैं, आप मूलाधार के त्रिकोण के भीतर ज्वाला हैं; आप श्री सती हैं – दक्ष की पुत्री और भगवान शिव की पहली पत्नी, राक्षसों का वध करने वाली, और राजा दक्ष के यज्ञ को नष्ट करने वाली। **(श्लोक 120)**

भारतीय पौराणिक कथाओं के समृद्ध ताने–बाने में, हमें शक्तिशाली राजा दक्ष की पुत्री सती की कहानी मिलती है। सती, जिन्हें दाक्षायणी के नाम से भी जाना जाता है, दिव्य माता के अवतार का प्रतिनिधित्व करती हैं। अपने दिव्य वंश के बावजूद, दक्ष ने भगवान शिव, सती के पति के लिए गहरा द्वेष रखा था।

अहंकार में डूबे हुए दक्ष ने एक विशाल यज्ञ का आयोजन किया, जिसमें उन्होंने जानबूझकर भगवान शिव को आमंत्रित नहीं किया। इस अपमानजनक कार्य से दिव्य लोकों के बीच एक महत्वपूर्ण संबंध टूट गया। उनकी पावन उपस्थिति के बिना, वह अनुष्ठान अस्त–व्यस्त हो गया और नकारात्मकता का केंद्र बन गया।

दुख से अभिभूत होकर और अनुष्ठान की दूषित प्रकृति को पहचानते हुए, सती ने खुद को ज्वालाओं में बलिदान कर दिया। इस भारी क्षति से क्रोधित होकर, भगवान शिव ने एक शक्तिशाली शक्ति, वीरभद्र को प्रकट किया, जिसने बदले में दक्ष और स्वयं अनुष्ठान का विनाश किया। जबकि वीरभद्र विनाश का साधन थे, मूल कारण दिव्य के साथ दक्ष के कटे हुए संबंध में निहित था।

छिपा हुआ सबक

यह कहानी एक गहरा संदेश देती है: कोई भी कार्य, चाहे कितना भी भव्य क्यों न हो, यदि वह दिव्य की उपेक्षा करता है तो व्यर्थता और यहां तक कि विनाश का जोखिम उठाता है। यह हमारे कार्यों में पवित्र ऊर्जा को आमंत्रित करने और स्वयं

से बड़ी किसी चीज़ के बारे में निरंतर जागरूकता बनाए रखने के महत्व को उजागर करता है। यह हमें अपने जीवन और एक उच्च शक्ति के साथ संबंध बनाने के महत्व पर विचार करने के लिए आमंत्रित करता है।

से बड़ी किसी चीज़ के बारे में निरंतर जागरूकता बनाए रखने के महत्व को उजागर करता है। यह हमें अपने जीवन और एक उच्च शक्ति के साथ संबंध बनाने के महत्व पर विचार करने के लिए आमंत्रित करता है।

भक्ति के छह मार्ग

दिव्य माता की महिमा – हे माँ, ध्यान में, आपका दिव्य रूप स्वयं को प्रकट करता है। आप भक्ति के छह मार्गों की पराकाष्ठा पर खड़ी हैं, निस्वार्थ प्रेम का प्रतीक हैं। एक दीप्तिमान दीपक की तरह, आप अज्ञान के अंधकार को दूर करती हैं। **(श्लोक 181)**

भक्ति के छह मार्ग, जिन्हें षट्त्विक भक्ति मार्ग भी कहा जाता है, इस प्रकार हैं:

श्रद्धा: यह मार्ग दिव्य में पूर्ण विश्वास और समर्पण पर जोर देता है। यह एक उच्च शक्ति के अस्तित्व और शक्ति में गहरा विश्वास रखने के बारे में है।

भक्ति: यह मार्ग दिव्य के प्रति शुद्ध प्रेम और भक्ति विकसित करने पर केंद्रित है। यह दिव्य माता के साथ एक गहरा भावनात्मक संबंध विकसित करने के बारे में है।

स्मरण: इस मार्ग में मंत्रों, प्रार्थनाओं और ध्यान के माध्यम से दिव्य को लगातार अपने मन में रखना शामिल है। यह निरंतर स्मरण के माध्यम से दिव्य माता से जुड़े रहने के बारे में है।

सेवा: यह मार्ग दिव्य के प्रति निस्वार्थ सेवा पर जोर देता है, अक्सर दान के कार्यों या दूसरों की मदद के माध्यम से। यह दूसरों को लाभान्वित करने वाले कार्यों के माध्यम से भक्ति व्यक्त करने के बारे में है।

साख्यम: यह मार्ग शास्त्रों, शिक्षकों और व्यक्तिगत प्रतिबिंब के माध्यम से सच्चा आध्यात्मिक ज्ञान प्राप्त करने पर जोर देता है। यह दिव्य और ब्रह्मांड में आपके स्थान को समझने के बारे में है।

समाधि: यह मार्ग भक्ति की परम अवस्था है, जिसमें दिव्य में पूर्ण मिलन और अवशोषण शामिल है। यह आपकी चेतना को दिव्य माता के साथ विलय करने के बारे में है।

ये मार्ग किसी विशिष्ट क्रम में पालन करने के लिए नहीं हैं, और व्यक्तियों को अपनी आध्यात्मिक यात्रा के विभिन्न चरणों में खुद को अलग-अलग मार्गों की ओर आकर्षित पाया जा सकता है। अंततः, सभी मार्ग एक ही लक्ष्य की ओर ले जाते हैं: दिव्य के साथ संबंध।

लेखिका के बारे में

दीपिका एक समर्पित लेखिका हैं, जो दूसरों की मदद करने के लिए प्रेरित हैं। एक कंपनी सचिव (सी एस) होने के साथ–साथ उनके पास व्यवसाय नीति और कॉर्पोरेट गवर्नेंस में मास्टर ऑफ कॉमर्स (एम.कॉम (बी पी और सी जी)) और कानून (एल एल बी) की डिग्री भी है। आध्यात्मिकता के प्रति उनका गहरा लगाव है, और वे चक्र ध्यान, इमोशनल फ्रीडम टेक्निक (ई एफ टी) और होओपोनोपोनो जैसी वैकल्पिक चिकित्सा पद्धतियों का अध्ययन और अभ्यास करती हैं।

उन्हें पढ़ना, लिखना और प्रकृति में समय बिताना पसंद है, खासकर बच्चों के साथ। इस पुस्तक के माध्यम से, दीपिका का लक्ष्य बिना उपदेश दिए लाखों लोगों तक पहुँचकर उन्हें सशक्त बनाना है।

आप उनसे **cs.deepikadhamija@gmail.com** पर संपर्क कर सकते हैं।

कृतज्ञता

मेरे प्रिय पाठकों,

आप में से प्रत्येक का, जिन्होंने मेरी पुस्तक में डुबकी लगाई, मैं आभार से अभिभूत हूँ। आपका समय और रुचि मेरे जुनून को बढ़ावा देते हैं, और मुझे वास्तव में सम्मानित महसूस हो रहा है कि आपने मेरे शब्दों को साथी के रूप में चुना।

किताब लिखना एक साझा साहसिक कार्य है और यह आप जैसे पाठकों के समुदाय के बिना संभव नहीं होगा। कहानियों को जीवंत करने वाली इस यात्रा का हिस्सा बनने के लिए धन्यवाद।

इन पन्नों में मैंने अपनी गहरी भावनाओं को व्यक्त किया है, और आशा करती हूँ कि मेरे विचार और अंतर्दृष्टि आपके लिए कुछ अर्थपूर्ण लेकर आए होंगे। चाहे आपको उपयोगी सलाह मिली हो, प्रेरणा मिली हो, या केवल विचार करने के लिए कुछ मिला हो, यह मेरे लिए बहुत खुशी की बात होगी।

अपने विचारों और समीक्षाओं को साझा करने के लिए स्वतंत्र महसूस करें। आप **cs.deepikadhamija@gmail.com** पर ई-मेल के माध्यम से भी मुझसे जुड़ सकते हैं।

एक बार फिर, मेरे दिल की गहराई से धन्यवाद। आपके समर्थन का बहुत महत्व है, और मुझे पूरी उम्मीद है कि मेरे शब्दों ने आपके जीवन पर सकारात्मक छाप छोड़ी होगी।

गहन प्रशंसा के साथ,

दीपिका

9 798889 744797 8